La coopération territoriale en Europe

L'exemple de la frontière franco-espagnole

Collection « Inter-National »
dirigée par Denis Rolland,
Joëlle Chassin et Françoise Dekowski

Cette collection a pour vocation de présenter les études les plus récentes sur les institutions, les politiques publiques et les forces politiques et culturelles à l'œuvre aujourd'hui. Au croisement des disciplines juridiques, des sciences politiques, des relations internationales, de l'histoire et de l'anthropologie, elle se propose, dans une perspective pluridisciplinaire, d'éclairer les enjeux de la scène mondiale et européenne.

Série Premières Synthèses – jeunes chercheurs (dernières parutions) :

R. FATHI, Représentations muséales du corps combattant de 1914-18. *L'*Australian War Memorial *de Canberra et l'Historial de la Grande Guerre de Péronne*, 2013. Concours Sciences-Po 2011-2012.
Flore LEMOINE-GOUÉDARD, *Le Mexique et l'Europe : droits de l'homme et coopération*, 2013.
Clara BAMBERGER, *Femmes et médias : une image partiale et partielle*, 2012.
Fanny PARENT, *Le feng-shui en France. Aménagement de l'espace, aménagement de soi*, 2012
Louis-Marie BUREAU, *La pensée de Fethullah Gülen. Aux sources de l'islamisme modéré*, 2012.
Damien LARROUQUÉ, *Le plan Ceibal en Uruguay. Un exemple de bonne gouvernance ?* , 2012
Benjamin BORD, *Du bouclier antimissile aux nouvelles relations américano-russes (2000-2011)*, 2012.
Édouard BOINET, *Hydropolitique du Nil, Du conflit à la coopération ?*, 2012.
Milena DIECKHOFF, *L'individu dans les relations internationales, Le cas du médiateur Martti Ahtisaari*, 2012.
Odile TANKERE, *La conservation du mobilier archéologique : un enjeu scientifique, culturel et social*, 2012. Concours Sciences-Po 2011-2012.
Barbara ATLAN, *Politiques, affichez-vous !*, 2012. Concours Sciences-Po 2011-2012.
Louis LE BRIS, *Le Western. Grandeur ou décadence d'un mythe ?*, 2012.
Marie NEIHOUSER, *La défense des intérêts régionaux en Europe*, 2011.
Aurélien LLORCA, *La France face à la cocaïne. Dispositif et action extérieurs*, 2010.
Guillaume BREUGNON, *Géopolitique de l'Arctique nord-américain : enjeux et pouvoirs*, 2011.

Stéphanie TRILLE

La coopération territoriale en Europe

L'exemple de la frontière franco-espagnole

Préface de Nicole Belloubet

L'Harmattan

En couverture : photographie de Stéphanie Trille, Le Cirque de Gavarnie dans les Pyrénées centrales.

5-7, rue de l'École-Polytechnique ; 75005 Paris

http://www.librairieharmattan.com
diffusion.harmattan@wanadoo.fr
harmattan1@wanadoo.fr

ISBN : 978-2-336-00672-7
EAN : 9782336006727

Préface

La coopération territoriale au sein de l'Union européenne est un enjeu majeur pour les collectivités des zones concernées. Porteuses d'un projet de coopération politique, elles le traduisent en termes de mobilité des citoyens, d'essor de l'innovation et donc de développement économique.

Au service de ces objectifs ambitieux, qui positionnent les régions, notamment, comme des acteurs majeurs d'un projet européen de territoire intégré, des moyens d'accompagnement ont été proposés : classiques, ce sont les fonds régionaux et européens qui viennent soutenir les projets envisagés ; plus novateurs sont les dispositifs juridiques d'appui tels que les GECT (Groupement Européen de Coopération Territoriale).

Les forces et les faiblesses de cette coopération sont clairement identifiées : la volonté politique affichée se heurte à la complexité de la mise en œuvre des projets ; les contraintes budgétaires réelles de chaque territoire influent sur l'essor des actions ; à l'ambition politique parfois incantatoire répond souvent la méconnaissance de ces dispositifs par les citoyens qui devraient en être les bénéficiaires directs.

Ce sont ces thèmes que Stéphanie Trille a su traiter avec rigueur et maîtrise dans l'étude ici présentée. Elle s'est livrée à une approche minutieuse du sujet, conduite au travers de nombreux entretiens et regards croisés. Elle y fait preuve d'une réelle pertinence du questionnement géopolitique. D'une certaine manière, ce travail est un préalable indispensable à la compréhension globale du sujet pour toute personne qui aurait à prendre en charge l'un ou l'autre aspect de ce dossier.

L'enjeu est aujourd'hui de donner une "réalité citoyenne" à ces dispositifs structurels de coopération territoriale en Europe. Le travail de Stéphanie Trille y contribue.

Nicole BELLOUBET

Avant-propos

Deux thèmes entourent cette étude les Pyrénées et l'Europe.

Les Pyrénées sont l'objet d'une légende. Géryon, monstre tricéphale, était fol amoureux de Pirenne, une princesse de la mythologie grecque. Cependant, celle-ci ne partageait pas ses sentiments et elle se cacha dans la forêt pour lui échapper. Mais Géryon, ne supportant pas ce refus, voulut forcer Pirenne à sortir de la forêt en y mettant le feu. Pirenne ne céda pas et mourut brûlée vive par l'homme qui prétendait l'aimer. Pendant son agonie, Hercule, le héros aux douze travaux, entendit ses cris. Emu par l'expression d'une douleur atroce, il décida de construire en hommage à Pirenne une sépulture avec d'énormes pierres, sépulture qui devint les Pyrénées.

« Nous ne coalisons pas des États, nous unissons des Hommes », disait Jean Monnet. C'est dans le droit fil de cette pensée que je souhaite inscrire cette étude.

Abréviations

ADEPFO :	Association pour le DEveloppement des Pyrénées par la FOrmation
AEM :	Association Européenne des élus de Montagne
ANEM :	Association Nationale des Elus de Montagne
ARE :	Assemblée des Régions d'Europe
CECA :	Communauté Européenne du Charbon et de l'Acier
CGCT :	Code Général des Collectivités Territoriales
CREDC :	Conférence des Régions Européennes de la Diagonale Continentale
CRSN :	Cadre de Référence Stratégique National
CTP :	Communauté de Travail des Pyrénées
DATAR :	Délégation interministérielle à l'Aménagement du Territoire et à l'Attractivité Régionale
DGCL :	Direction Général des Collectivités Locales du Ministère de l'intérieur
FEDER :	Fonds Européen de DEveloppement Régional
GEC :	Groupement Eurorégional de Coopération
GECT :	Groupement Européen de Coopération Territoriale
GIP :	Groupement d'Intérêt Public
IEP :	Institut d'Etudes Politiques
MOC	Méthode Ouverte de Coordination
MOT :	Mission Opérationnelle Transfrontalière
NUTS :	Nomenclature d'Unités Territoriales Statistiques
OSC :	Orientations Stratégiques Communautaires
PIC :	Programme d'Initiative Communautaire
PME :	Petites et Moyennes Entreprises
PRES :	Pôle de Recherche et d'Enseignement Supérieur
POCTEFA :	Programme Opérationnel de Coopération Territoriale Espagne-France-Andorre
SEML :	Société d'Economie Mixte Locale
SUDOE :	SUD Ouest Européen
TC :	Tribunal des Conflits
TCE :	Traité instituant la Communauté Européenne
TCP :	Traversée Centrale des Pyrénées

TFUE :	Traité sur le Fonctionnement de l'Union Européenne
TIC :	Technologies de l'Information et de la Communication
TUE :	Traité sur l'Union Européenne
UNCEM :	Union Nation des Communes et des Communautés de Montagne

Sommaire

Introduction

« Vérité en deçà des Pyrénées, erreur au-delà ». Cette maxime du philosophe Blaise Pascal souligne la barrière que représentent les Pyrénées, massif européen qui trace la frontière entre la France et l'Espagne. Et pourtant, lorsque l'on passe les vingt premières années de sa vie à admirer les Pyrénées, à les traverser et les explorer comme ce fut mon cas, cette montagne n'apparaît pas comme une barrière mais plutôt comme le centre d'un plus grand ensemble, d'une zone qui se structure autour de la frontière. De là, émerge un questionnement assez naturel sur le thème des frontières à l'heure européenne qui concrétise leur suppression.

La frontière, concept né dans un monde westphalien[1] d'États-nations qui se construisent par déplacement des frontières tel qu'étudié par Norbert Elias, est perçue comme une ligne de démarcation entre territoires nationaux, entre zones d'exercice du pouvoir étatique, ainsi que comme une source de conflits géopolitiques à l'origine de nombreuses guerres de territoires comme nous l'enseigne l'Histoire des civilisations. Sa définition est intrinsèquement liée à la définition de l'État de droit qui comporte trois caractéristiques : une autorité politique, s'exerçant sur une population, dans un territoire. Cette définition juridique de l'État que l'on doit à Max Weber, est donc liée à la définition de la frontière délimitant le territoire sur lequel vit cette population et sur lequel s'exerce ce pouvoir. Mais en sociologie, la frontière matérialise également une limite sociale bâtie sur un sentiment d'appartenance à une nation commune ; en cela, elle est une limite abstraite, une construction de l'esprit humain pour identifier qui fait partie du groupe et qui en est exclu. La langue est également un élément social qui matérialise

[1] Traité de Westphalie, signé en 1648.

cette frontière d'ordre psychologique. La frontière est alors un facteur d'unité intra-territoriale et de rejet extra-territorial. Elle est donc politique, psychologique mais aussi physique. Elle peut se calquer sur un élément naturel comme la chaîne des Pyrénées ; mais son caractère physique tient davantage de la présence de forces militaires, de police, de postes de douanes qui y sont installés. Or si nous reprenons chacun de ces éléments, nous pouvons voir les porosités du concept de frontière. Aussi, concernant la barrière physique, la frontière a toujours été un lieu d'échanges commerciaux entre deux économies nationales. La construction européenne est la consécration de cette caractéristique ; elle a fait du marché unique l'une des priorités pour ses États membres depuis 1957. La frontière perdure mais elle n'est plus une barrière ; la libre-circulation des marchandises, des personnes, des services et des capitaux impose une disparition progressive des postes de douanes et des forces de police aux frontières. Désormais le territoire du marché unique et de l'espace Schengen fait disparaître cette barrière physique au profit d'une délimitation essentiellement politique. Sur le plan politique par ailleurs, le monde post-westphalien impulse, depuis 1991, une nouvelle forme d'exercice du pouvoir étatique ; désormais des engagements internationaux autolimitent l'autorité politique d'un État sur ses citoyens. La construction européenne va encore plus loin, puisque depuis 1951, les États qui ont formé la CECA ont transféré à une autorité supranationale qu'est la Commission européenne, certaines de leurs compétences, transfert qui ne cesse de croître. Enfin, concernant le caractère psychologique de la frontière, les populations n'ont pas toujours fait cas de cette limite politique d'autant plus si la langue est restée commune de part et d'autre de la frontière. Ainsi, en dehors du contrôle de l'État, les échanges ont toujours eu lieu autour de cette barrière qui n'en était plus une, on parle alors d'échanges transfrontaliers, de coopération transfrontalière. Selon Henri Comte[1], la coopération transfrontalière concerne « des espaces situés de part et d'autre d'une frontière nationale mais ayant entre eux des relations de proximité géographique ».

[1] Professeur émérite de l'Université Lumière-Lyon 2

Dès lors, une frontière n'est pas qu'une ligne séparatrice et ce travail de recherche part du postulat qu'elle est avant tout une zone de lien, et une zone de vie. Hélène Velasco-Graciet[1] estime que la frontière est passée du statut d'« espaces proscrits » éloignés du centre de décision étatique et zones de conflits à celui d'« espaces prescrits », symboles de zones coutures entre populations et d'une construction européenne au sein d'un espace sans frontière. La frontière est donc le fruit d'une évolution ancienne et longue, elle est ancrée dans un processus en changement constant qui redéfinit ses caractéristiques, son rôle, la perception que l'on en a. La frontière délimitant l'État-nation s'est développée en tant que zone et a réuni des populations au lieu de les cloisonner ce qui, à terme, amène à une redéfinition du concept de frontière autant que du concept d'État-nation.

Nous verrons par ailleurs, qu'en plus d'être désormais reconnue comme un espace de vie, la zone frontalière est aussi un espace de projets portés par les populations et les autorités locales aux pouvoirs accrus avec la décentralisation. Tout au long de cette étude, aucune différence n'est faite entre les termes d'autorités ou de collectivités locales, qui doivent se comprendre comme un échelon de gouvernement infra-étatique ; le terme « région » désigne une réalité plus précise et correspond indépendamment aux Régions françaises et aux Communautés autonomes espagnoles, entités les plus actives dans la coopération transfrontalière. L'objet de cette étude sera donc les relations qui existent entre collectivités locales autour de la frontière franco-espagnole, et qui ont été consacrées en Europe sous le nom de coopération territoriale transfrontalière.

Dès 2008, au cours d'un premier stage au Conseil général des Hautes-Pyrénées, j'ai observé le quotidien des agents de cette coopération qui ont témoigné d'un réel engouement et d'une profonde implication dans cette pratique avec la

---

[1] Hélène Velasco-Graciet, « Le destin rebondissant des zones frontalières, d'espaces proscrits en espaces prescrits », in Anne-Laure Amilhat-Szary et Marie-Christine Fourny, *Après les frontières, avec la frontière*, Editions de l'aube, 2006.

conviction qu'« elle unit les peuples » (pensée de Jean Monnet). Ce mémoire est donc pour moi l'occasion de m'interroger sur cette pratique que j'observe depuis maintenant trois ans. Mais je ne voulais pas me contenter d'une étude empirique des faits. Aussi, ai-je élargi mon sujet à la coopération territoriale en Europe en prenant l'exemple de la frontière franco-espagnole, afin de transformer ce travail de recherche en une boîte à outils pour les acteurs de la coopération européenne dont les fondements juridiques sont complexes. Aussi ce travail de recherche part d'un phénomène de terrain, et étudie ensuite le processus en changeant de focale, en se penchant sur les institutions, car comme le remarque Andy Smith en 1999, « les approches dominantes de la question de la légitimation de l'intégration communautaire ont été placées jusque là 'par le haut' (par exemple, à travers l'étude des seules institutions et politiques publiques ou à travers une vision trop politique et 'aérienne' de l'espace public européen) et appellent un renversement de perspective ». Ce mémoire alliera donc observations empiriques et savoirs juridiques, autour d'une problématique qui s'est très vite dessinée. Au cours de mes observations, une évidence est en effet apparue. On ne peut parler d'une coopération transfrontalière à la frontière franco-espagnole, mais des coopérations transfrontalières du fait de leur diversité, ce qui n'a fait que renforcer mon intérêt pour la question. Mais, cette observation d'une multiplicité et d'une multiplication d'instances s'est confrontée à des concepts de l'action publique que j'avais abordés au cours de ma scolarité à l'Institut d'Etudes Politiques de Toulouse et de mes différents stages : pertinence, efficience, gouvernance, subsidiarité, partenariat… Aussi me suis-je interrogée sur la compatibilité de ces principes de l'action publique avec la pratique de la coopération territoriale et ai-je élaboré la problématique suivante : quelle efficience pour la multiplicité d'instances de coopération à la frontière franco-espagnole ?

La méthodologie utilisée est double, alliant recherches juridiques et observations participantes. Elle peut être découpée en trois temps. Tout d'abord, une phase de recherches juridiques afin de dresser un état du droit de la coopération territoriale en

Europe ; puis une phase de recherches que l'on peut qualifier d'universitaires au cours de laquelle ont été ciblés les mémoires et thèses qui concernent directement la frontière franco-espagnole, notamment les travaux de Matthieu Abras auteur d'un mémoire en 2009 intitulé « La coopération transfrontalière franco-espagnole sur la programmation 2007-2013 » et la thèse de Jean-Baptiste Harguindéguy intitulée « La frontière en Europe, un territoire ? : coopération transfrontalière franco-espagnole ». Enfin, une dernière étape a consisté en des recherches sur des sites institutionnels consacrés à la coopération transfrontalière, notamment ceux des Conseils régionaux et des Communautés autonomes. Dans la phase sociologique de cette étude, la méthodologie employée est celle de l'observation participante, selon la définition de Bogdan et Taylor en 1975 : « une recherche caractérisée par une période d'interactions sociales intenses entre le chercheur et les sujets, dans le milieu de ces derniers ». Cette observation participante a pris deux formes : une observation active au cours de stages et une observation passive au cours de conférences. Afin de rentabiliser au maximum ce temps d'observation, une grille d'entretien[1] était mon fil conducteur lors des entretiens officiels et des conversations occasionnelles. Les entretiens ont été effectués essentiellement auprès d'agents français ; mais lors des conférences (sept en deux ans), il m'a été possible d'élargir mon panel et d'interroger brièvement des agents locaux espagnols et français de chaque région concernée par la coopération (excepté l'Andorre) ainsi que des fonctionnaires européens et des gouvernements français et espagnol. Cette étude trouve néanmoins une limite dans l'obligation de confidentialité imposée par l'immédiateté de l'action publique et le devoir de réserve des fonctionnaires. Aussi, n'ai-je énuméré en bibliographie que les quatorze personnes auprès desquelles j'ai pu dépasser le stade de la conversation sans pour autant pouvoir les citer directement, à quelques exceptions. La plus grande difficulté de cette étude a donc été le manque d'entretiens réalisés. Néanmoins, les dénommés « ateliers » de l'IEP de Toulouse, au cours desquels les étudiants répondent à

---

[1] Voir annexe 6

une commande émanant d'une administration ou d'une entreprise, ont été pour moi un moyen d'élargir mon champ d'investigations et d'étayer ma réflexion. Notamment, en juin 2010, j'ai participé à une étude sur la dimension « Pyrénées » dans les programmes opérationnels des sept régions frontalières ; cette étude conclut sur une mise en avant des axes de consensus qui existent entre régions pyrénéennes, axes qui peuvent être des thématiques communes pour une coopération transfrontalière, et qui pourtant ne trouvent pas toujours un écho dans la réalité de la coopération. S'il existe un consensus objectif entre régions, pourquoi multiplier les instances et les domaines de coopération ? Quelle est l'efficience d'une telle pratique ?

Cette étude répond à ces questions en trois temps. La première partie est consacrée à la formation d'un cadre juridique pour la coopération territoriale à l'échelle européenne. La deuxième, dans une échelle réduite, dresse le constat d'une coopération territoriale à la frontière franco-espagnole qui s'est développée en dehors du cadre normatif et qui s'européanise peu à peu. Enfin, la dernière partie illustre la pertinence relative d'une multiplicité d'instances de coopération, et en montre également les limites.

Première partie - L'ambition d'une européanisation : les fondements historiques et juridiques de la coopération entre entités locales européennes

L'européanisation est un processus spontané ou imposé selon lequel des pratiques jusqu'alors communes à un État convergent et s'harmonisent au sein de la construction européenne. Dans cette partie, nous partirons d'une approche *top-down* de l'européanisation de la coopération, une européanisation par le haut et étudierons les fondements historiques et juridiques de la coopération entre entités locales européennes.

Ces fondements seront étudiés au regard de trois échelles politiques. La première peut être qualifiée de paneuropéenne au regard des textes du Conseil de l'Europe. En août 1947, le Congrès de l'Union européenne des fédéralistes est dans la continuité des mouvements de résistance qui pendant la guerre prônaient une union des peuples européens comme gage de paix pour le continent. Ce congrès impulse avec d'autres associations européennes, l'organisation du Congrès de La Haye en 1948. A la fin de ce congrès, c'est Denis de Rougemont qui rédige et lit le message transmis aux citoyens européens, le 'Message aux européens' : « Tous ensemble, demain, nous pouvons édifier (...) la plus grande formation politique et le plus vaste ensemble économique de notre temps. Jamais l'histoire du monde n'aura connu un si puissant rassemblement d'hommes libres. Jamais la guerre, la peur et la misère n'auront été mises en échec par un plus formidable adversaire ». A l'issue de ce congrès, le Conseil de l'Europe se forme, conseil qui laisse une place de premier plan aux instances infranationales dans une volonté de démocratie proche des citoyens et de coopération multiniveaux et polycentrique, dans une nouvelle vision de l'Europe. La seconde échelle est intergouvernementale, les États, signataires des textes paneuropéens, ayant de fait légiféré en matière de coopération, de manière bilatérale et multilatérale. Enfin, la dernière échelle est celle de l'Union européenne dont le champ normatif en matière de coopération territoriale est la concrétisation de cette pratique longtemps ignorée.

Chapitre 1 - Les initiatives du Conseil de l'Europe dans une volonté d'union et de coopération des peuples européens

Au sein du Conseil de l'Europe et ce, dès sa création le 5 mai 1949, la démocratie locale et régionale est apparue comme l'un des fondements des systèmes démocratiques, sous la formule « pas de démocratie sans démocratie locale ». Dès lors, dans son objectif de promotion de la démocratie aux niveaux local et régional, est mise en place en 1957, la Conférence des pouvoirs locaux qui devient en 1994, le Congrès des pouvoirs locaux et régionaux. Ce congrès réunissant les élus des collectivités régionales et locales de la Grande Europe a élaboré dans la décennie 1980 de nombreux textes dont la Convention de Madrid et la Charte européenne de l'autonomie locale. Ces accords en faveur de la coopération entre autorités locales européennes ont permis d'institutionnaliser la coopération et les outils mis à sa disposition.

1 - La Convention de Madrid et ses protocoles additionnels

Le premier texte paneuropéen qui consacre la coopération entre collectivités locales est la Convention de Madrid, aujourd'hui texte de référence en la matière, complétée au fil des décennies par des Protocoles additionnels.

La Convention-Cadre

Portée du texte

La Convention de Madrid nommée aussi Convention Cadre Européenne sur la Coopération Transfrontalière des Collectivités ou Autorités Territoriales a été signée en 1980 et ratifiée depuis par 31 États de la Grande Europe dont la France et l'Espagne. Elle est l'expression d'une reconnaissance étatique de la coopération territoriale entre collectivités locales mais aussi l'expression d'une certaine forme de reprise de contrôle par l'État d'un phénomène local sur lequel il n'avait que peu de prise et qu'il encadre désormais par le droit international. Ce dernier point est à nuancer, la convention étant avant tout un souhait des collectivités locales elles-mêmes, qui étaient en besoin de reconnaissance de leur action. Ce texte reconnaît ainsi le droit des autorités territoriales qui ont une frontière commune de coopérer et impose à ses signataires de prendre les mesures adéquates pour faciliter et développer la coopération transfrontalière entre collectivités territoriales, entre États contractants ainsi qu'auprès de nouveaux États. Ce droit est concrétisé dans un contrat-type à l'usage des collectivités concernant les dispositions nécessaires pour l'établissement d'une coopération.

Cette convention est une avancée certaine et un élément juridique de l'européanisation mais elle manque d'un réel caractère contraignant, d'une véritable force légale. Par ailleurs, les États sont libres dans les moyens à mettre en place pour favoriser la coopération ; ils gardent un véritable contrôle sur les échelons infra-étatiques avec la possibilité d'exclure du champ d'application de la convention certains échelons territoriaux ; ils n'ont même pas d'obligation de résultats ou d'évaluation de ces moyens. Par ailleurs, la formalisation d'une coopération implique bien souvent une autorisation de l'autorité étatique a priori et est conditionnée pour la France et l'Espagne à l'existence d'accords intergouvernementaux multilatéraux qui définissent le cadre au sein duquel la coopération entre autorités peut être exercée.

Le Préambule

Le préambule précise l'importance de la convention. De ce passage, est extraite la célèbre phrase généralement reprise pour expliciter la construction européenne dont le but est de « réaliser une union toujours plus étroite entre ses membres ».

Par ailleurs, la coopération entre collectivités locales est reconnue comme antérieure au texte, et de l'initiative des collectivités elles-mêmes, initiative aidant à la réalisation de ce but commun[1]. La coopération est alors intrinsèquement liée à la construction européenne dont les collectivités territoriales (dites autorités locales) sont des acteurs à part entière. En préambule, sont enfin listés les domaines de coopération : « développement régional, urbain et rural, la protection de l'environnement, l'amélioration des infrastructures et des services offerts aux citoyens et l'entraide en cas de sinistre ». Ces différentes matières recouvrent un champ de coopération très vaste, la subjectivité de certains termes tels que « développement urbain et rural » accordant une marge de manœuvre importante aux collectivités.

Les points les plus importants

Parmi les articles d'importance, l'article 2 est un passage-clé de la Convention. Y est donnée une définition de la notion de coopération transfrontalière, pour la première fois en droit international et également souvent en droit interne. La coopération se définit alors comme « toute concertation visant à renforcer et à développer les rapports de voisinage entre collectivités et autorités territoriales » (paragraphe 1). Notion de science politique, elle devient désormais un concept juridique fort. En droit interne français, elle est intégrée dans le sommet de la hiérarchie des normes avec une valeur infra-constitutionnelle et supra-législative. En Espagne, les traités internationaux ont également une valeur infra-constitutionnelle mais ne priment pas sur la loi ; ils sont au même niveau hiérarchique dit « *con rango de ley* », au rang de la loi. La coopération est donc avant tout une concertation et implique consultations mutuelles, échanges d'informations, de bonnes pratiques, coordination entre collectivités.

Par ailleurs, l'alinéa 2 donne une définition pan-européenne des autorités infra-étatiques concernées par la coopération. Il

---

[1] Préambule de la Convention de Madrid, 1980 : « Considérant qu'il découle de l'expérience acquise que la coopération des pouvoirs locaux et régionaux de l'Europe est de nature à permettre une meilleure exécution de leur mission, qu'elle est susceptible en particulier de contribuer à la mise en valeur et au développement des régions frontalières ».

stipule que « les concepts de Collectivités ou Autorités territoriales doivent être entendus comme les collectivités, autorités et organismes exerçant des fonctions locales et régionales et considérées comme telles dans le droit interne de chaque État ». Ce dernier point souligne bien le caractère général de cette définition, le droit interne devant préciser clairement quelles autorités sont concernées. Mais il convient de souligner que les termes choisis sont assez larges pour à la fois ne pas entrer en conflit avec les législations nationales et pour englober l'ensemble des situations possibles. La notion de « territorial » est un critère géographique, qui marque une limitation par rapport aux compétences étatiques et centrales.

L'article 3 concerne davantage la mise en œuvre empirique de la Convention. Celle-ci repose et doit être complétée par deux types de texte qui créent des liens juridiques entre collectivités (et non pas que des liens informels prévus par la concertation) : les accords entre États et les arrangements entre Collectivités. Ces arrangements font référence aux accords déjà existants, conclus sans participation des États, qui formalisent les coopérations existantes. Ce paragraphe reconnaît donc deux formes de coopération transfrontalière, l'une encadrée et impulsée par les autorités nationales et l'autre émanant des collectivités. Les accords interétatiques ont une double vocation : « favoriser » la coopération (paragraphe 1) et/ou l'« encadrer » (paragraphe 2). Des modèles d'accords et d'arrangements sont annexés à la Convention dont peuvent s'inspirer les futurs textes, sans aucune valeur contraignante ou reconnaissance conventionnelle.

Parmi les autres points à souligner, l'article 4 encourage les États à mettre en place des arrangements en droit interne pour favoriser et aménager la coopération transfrontalière ; l'article 6 pose le principe de l'échange d'informations entre États et entre Collectivités ; l'article 7 incite les États à informer les collectivités sur la coopération.

La Convention est complétée par trois protocoles additionnels. Le premier protocole de 1995[1] complète la Convention, en cela qu'il permet directement aux autorités locales de conclure des accords de coopération transfrontalière. Par ailleurs, il porte sur la création d'organismes de coopération transfrontalière, avec ou sans personnalité juridique, et de droit public ou privé. Désormais, les collectivités territoriales peuvent déléguer certaines de leurs compétences à ces organismes dans le cadre de l'accomplissement d'un intérêt transfrontalier.

Le Protocole n°2 de 1998[2] relatif à la coopération interterritoriale consacre une nouvelle forme de coopération, la coopération dite « interrégionale ». Elle est définie comme « toute action concertée visant à établir des rapports entre collectivités et autorités territoriales relevant de deux ou plusieurs États, autres que les rapports de coopération transfrontalière des autorités voisines. » Elle ne concerne plus des autorités voisines mais des autorités étrangères non contiguës, avec possibilité qu'elles soient originaires d'États-tiers.

Le Protocole n°3 de 2009[3] relatif aux Groupements eurorégionaux de coopération (GEC) institutionnalise de manière très précise une structure de coopération territoriale qu'elle soit transfrontalière ou interterritoriale. Cette structure, dotée de la personnalité juridique, regroupe des autorités publiques sans caractère industriel et commercial, autour de statuts décidés en commun par ses membres. Ce protocole est dans la continuité du protocole n°1 de 1995 ; il le complète tout en faisant écho au règlement de l'Union européenne de 2006

---

[1] Protocole additionnel n°1, 1995 : http://conventions.coe.int/treaty/fr/Treaties/Html/159.htm

[2] Protocole additionnel n°2, 1998 : http://conventions.coe.int/treaty/fr/Treaties/Html/169.htm

[3] Protocole additionnel n°3, 1999 : http://conventions.coe.int/treaty/fr/Treaties/Html/206.htm

portant sur la création du GECT. Les deux structures sont assez semblables.

Ces protocoles sont donc dans le droit fil de la Convention et cherchent à développer et à faciliter la coopération territoriale, tout en l'harmonisant à l'échelle européenne. Néanmoins, concernant la France et l'Espagne, les deux États n'en sont pas au même stade de ratification[1]. Seule la Convention-cadre est entrée en vigueur dans les deux États ; l'Espagne n'a signé pour l'instant aucun protocole.

Mais toutefois, malgré une force contraignante limitée, la Convention a une portée importante en matière de coopération entre collectivités territoriales du fait de son caractère unique à l'échelle internationale ; de la création évolutive d'un cadre international pour la coopération transfrontalière et interrégionale ; et enfin du fait de la présence de contrats-types de coopération à l'usage des collectivités et autorités territoriales.

2 - Deux temps forts pour la coopération territoriale pan-européennne : la signature de la Charte de l'autonomie locale de 1985 et la Recommandation du Conseil des Ministres de 2005

Depuis l'adoption de la Convention de Madrid, acte fondateur reconnaissant la coopération territoriale au niveau paneuropéen, d'autres textes ont été rédigés par le Conseil de l'Europe et consacrés dans les États membres parmi lesquels la Charte de l'autonomie locale et la Recommandation du Conseil des Ministres, qui vont eux aussi dans le sens d'une reconnaissance et d'une européanisation de la coopération.

[1] Annexe 1 : État des signatures françaises et espagnoles au 27 août 2010

Le 15 octobre 1985, la Charte de l'autonomie locale[1] est signée en posant de nombreux principes qui régissent aujourd'hui les collectivités territoriales européennes, qui sont comme spécifié dans le Préambule, « l'un des principaux fondements de tout régime démocratique » car « c'est au niveau local que ce droit [des citoyens de participer à la gestion des affaires publiques] peut être exercé le plus directement ».

Ce texte contient des concepts fondateurs de l'autonomie locale tels que la décentralisation[2], la libre-administration, la constitution démocratique et autonome d'organes de décision[3], la reconnaissance législative ou constitutionnelle du principe d'autonomie locale[4], l'attribution de compétences « pleines et entières »[5], la disposition de ressources propres[6]... Et en plus de ces valeurs reconnues conventionnellement, certains articles de la Charte concernent directement la coopération territoriale. Aussi, l'article 4, paragraphe 5, prévoit que s'il y a une délégation de compétences étatiques à des collectivités locales, celles-ci doivent pouvoir jouir de « la liberté d'adapter leur exercice aux conditions locales ». En faisant un parallèle avec la Convention de Madrid qui prévoit la conclusion d'accords binationaux comme encadrement étatique à la coopération territoriale, il est certain que cet article 4.5 réaffirme une liberté d'adaptation par le local des accords de coopération.

Plus précisément, l'article 10 concerne directement « le droit d'association des collectivités locales » au nom de la « réalisation de tâches d'intérêt commun ». Est réaffirmé comme droit inaliénable à la réalisation de l'autonomie locale, celui de coopérer avec « les collectivités d'autres États ». En

---

[1] La Charte de l'Autonomie locale de 1985 : http://conventions.coe.int/treaty/fr/treaties/html/122.htm
[2] Préambule de la Charte de l'Autonomie locale, paragraphe 8
[3] Préambule de la Charte de l'Autonomie locale, paragraphe 9
[4] Article 2 de la Charte de l'Autonomie locale
[5] Article 4 de la Charte de l'Autonomie locale
[6] Article 9 de la Charte de l'Autonomie locale

matière de coopération franco-espagnole, ce texte a une importance certaine, puisqu'il entre en vigueur en Espagne à la fin des années 1980 alors qu'il faut attendre 2007 pour qu'il entre en vigueur en France, ce qui dénote une certaine réticence française à l'égard de l'autonomie locale que nous étudierons plus largement *infra*.

La Charte est complétée par un Protocole additionnel[1], signé le 16 novembre 2009 qui n'apporte pas d'avancée juridique proprement dite à la coopération. Toutefois, ce texte a une importance en terme de démocratie locale ; y est reconnu un droit individuel et non plus collectif de participer « aux affaires des collectivités locales ». Aussi, peut-on imaginer qu'à terme, ce droit amène une participation citoyenne transfrontalière dans des instances de coopération.

La Recommandation du Conseil des Ministres de 2005

En 2005, le Comité des Ministres du Conseil de l'Europe adopte une recommandation[2] relative aux bonnes pratiques et à la réduction des obstacles en matière de coopération transfrontalière et internationale des collectivités ou autorités territoriales, qui apporte une certaine avancée en matière de coopération territoriale paneuropéenne. Déjà, le texte rappelle aux États signataires de la Convention de Madrid de lever les freins à la coopération. Puis, il incite à une « généralisation des bonnes pratiques » supposant ainsi une évaluation des coopérations existantes, et ce afin de convaincre les États non signataires de la Convention ou de ses protocoles de les ratifier et de permettre leur entrée en vigueur.

[1] Protocole additionnel de 2009 :
http://conventions.coe.int/treaty/fr/treaties/html/207.htm

[2] Recommandation Rec (2005) relative aux bonnes pratiques et à la réduction des obstacles en matière de coopération transfrontalière et internationale des collectivités ou autorités territoriales adoptée par le Comité des Ministres le 19 janvier 2005, lors de la 912ème réunion des Délégués des Ministres :
https://wcd.coe.int/wcd/ViewDoc.jsp?id=812143&Site=COE

Par ailleurs, le texte réaffirme la nécessité d'associer les collectivités territoriales au renforcement du cadre juridique existant en matière de coopération. Au paragraphe C, la recommandation évoque la nécessité d'une assistance technique et juridique aux collectivités mettant en œuvre la coopération. Cette assistance technique fait écho au dernier axe des programmes opérationnels de coopération transfrontalière de l'Union européenne.

3 - Les différents outils de la coopération plurirégionale reconnus coutumièrement par le droit international

Les textes du Conseil de l'Europe n'ont pas de caractère coercitif pour leurs signataires ; aussi les États ont-ils tardé pour créer des instances spécifiques de coopération alors que les collectivités territoriales ont poursuivi le développement de cette pratique. Dès lors, les outils au sens de structures juridiques et de terminologies adaptées, au service de la coopération, sont nombreux. N'étant pas encadrées juridiquement, les collectivités créant un organisme de coopération notamment transfrontalière, ont alors utilisé une hétérogénéité de termes. Les noms donnés renvoient souvent à une réalité géographique et/ou culturelle. Ils sont des Conseils (Conseil du lac Léman), des Conférences (Conférence du Lac de Constance), des Eurorégions (Eurorégion du Niemen), des Commissions (Commission des Iles). Ces termes ne désignent en rien une structure unique ou uniforme, aisément identifiable. Ils revêtent des réalités différentes, issues notamment de la finalité poursuivie par l'instance de coopération. Leur point commun réside dans une structure d'association et de concertation de collectivités territoriales, définissant en interne un mode de fonctionnement, ayant pour but commun de résoudre un problème transfrontalier et ne correspondant pas à un nouvel échelon administratif.

Néanmoins, les institutions n'ont pas laissé se multiplier indéfiniment ces structures sans encadrement juridique. Elles se sont institutionnalisées dans des outils légaux existants très divers. Ces outils peuvent être regroupés en trois catégories[1] : ceux qui n'ont pas la personnalité juridique, ceux qui ont une personnalité juridique de droit public, ceux qui ont une personnalité juridique de droit privé.

A la frontière franco-espagnole, les coopérations se sont d'abord matérialisées en trois structures reconnues dans le droit interne du pays où se situe le siège et possédant la personnalité juridique conformément à un accord binational, le Traité de Bayonne que nous étudierons en deuxième partie : le consorcio espagnol, les Groupements d'Intérêt Public (GIP) de coopération transfrontalière et les Sociétés d'Economie Mixte Locales (SEML). Mais préalablement à l'encadrement juridique, l'idée d'une association de droit français a été l'une des premières instances transfrontalières franco-espagnoles. Le règlement GECT et ses implications en droit interne seront étudiés en troisième partie.

Les associations issues de la Loi française de 1901

La Communauté de Travail des Pyrénées (CTP), créée en 1983, est une association dite « loi 1901 » depuis 1993. Elle est composée de quatre Communautés autonomes espagnoles (Catalogne, Aragon, Pays Basque, Navarre) et de trois Régions françaises (Languedoc-Roussillon, Midi-Pyrénées, Aquitaine) transfrontalières ainsi que de l'Andorre. A cette date, il n'y avait pas encore d'instrument juridique applicable aux arrangements entre collectivités territoriales souhaitant coopérer. Les États français et espagnol avaient pourtant ratifié la Convention de Madrid (respectivement en 1982 et 1986). Toutefois, son application restait conditionnée à la signature d'un accord interétatique bilatéral. Et il faut attendre 1995 et le Traité de Bayonne pour qu'un tel accord permette la ratification et l'entrée en vigueur de la Convention (en 1984 pour la France et 1990 pour l'Espagne). L'association apparaissait alors comme l'outil adéquat ; il était souple, intégrait l'Andorre et permettait

[1] Trois catégories prévues par le Protocole additionnel à la Convention de Madrid, article 3.

de formaliser les échanges au sein de la CTP. Cet outil s'essouffle néanmoins avec le développement de projets de coopération transfrontalière qui nécessite une structure avec la personnalité juridique et le poids administratif et économique pour les porter.

Le Consorcio espagnol

Le Consorcio est une structure de droit espagnol, reconnu dans le Traité de Bayonne[1]. Il est donc utilisé comme outil de coopération transfrontalière entre Régions espagnoles et françaises, dès lors que son siège est en Espagne. Il a pour but de coordonner les décisions des collectivités membres et peut prendre en charge des équipements ou des services publics. L'avantage de cette structure est la souplesse du régime de fonctionnement mais elle présente aussi des inconvénients : son absence de statut-type, une participation limitée aux régions et communautés autonomes, la nécessité d'une autorisation de participation en Décret du Conseil d'État pour les collectivités françaises. Le premier consorcio de la frontière franco-espagnole est celui dit de Bidasoa-Txingudi, créé en 1988 par trois communes qui le finançait en totalité. Sa particularité était son caractère officieux (car antérieur à la signature d'un accord interétatique) de coopération intercommunale transfrontalière, associant entreprises locales et associations. Il avait alors pour but de lutter contre l'ouverture des frontières et la disparition du fret international et des postes de douanes. Son activité a alors consisté à la réalisation d'études socio-économiques sur cet eurodistrict ; il est aujourd'hui consulté par d'autres instances de coopération. Son existence officieuse de courte durée a néanmoins témoigné de l'engouement pour la coopération de proximité, qui se matérialise ensuite dans de nouvelles instances dont un autre consorcio. En effet, c'est en 2005 que la Communauté de Travail des Pyrénées devient un consorcio qui « offre un nouvel élan d'intervention notamment en ce qui concerne la gestion de fonds et de programmes européens. »[2]

---

[1] Voir *infra* Le Traité de Bayonne de 1995

[2] http://www.midipyrenees.fr/La-Communaute-de-travail-des-Pyrenees-CTP

Le Groupement d'Intérêt Public (GIP) est une structure de droit français, reconnu également dans le Traité de Bayonne[1]. Il est une nouvelle catégorie de personne morale de droit public[2], créé par la loi du 15 juillet 1982[3], et permet à des collectivités territoriales de s'associer entre elles et avec des personnes privées, « normalement pour une durée limitée, afin d'exercer ensemble une activité d'intérêt général ou de réaliser un projet commun ». Le GIP peut être créé dans des domaines très variés, initialement dans celui de la recherche et de l'enseignement secondaire, et est le premier outil juridique français dans le domaine de la coopération. Un certain contrôle étatique s'impose aux GIP qui doivent accueillir obligatoirement un commissaire du gouvernement. Il est chargé de représenter l'État au sein de la structure, exerce un contrôle *a priori* des décisions et est présent dans toutes les instances de délibération et d'administration. Il dispose d'un droit de veto suspensif sur les décisions qui mettent en péril le bon fonctionnement du GIP. Les GIP sont soumis au contrôle administratif et financier de la Cour des Comptes. L'un des avantages des GIP est une large autonomie laissée à ses fondateurs pour en dessiner contractuellement les statuts ; l'un des ses points faibles est l'importance de l'interventionnisme administratif. Il est donc une structure à mi-chemin entre établissement public et association. En 2002, seulement un GIP avait été créé et deux étaient en projet[4], les collectivités territoriales françaises devant rester majoritaires. De plus, « la loi exclut clairement la participation d'autres collectivités ou organismes que les collectivités locales étrangères »[5], ce qui a réduit l'attrait pour ce type de structure qui n'a finalement jamais été usité à la frontière franco-espagnole.

---

[1] Voir *infra* Le Traité de Bayonne de 1995

[2] TC, 14 février 2000, GIP Habitat et interventions sociales pour les mal logés et les sans-abri c/ Mme Verdier

[3] Article 21 de la loi n° 82-610 du 15 juillet 1982

[4] http://www.espaces-transfrontaliers.org/document/gip.pdf

[5] Extraits de la circulaire du 16 juin 1994 relative aux GIP de coopération interrégionale et transfrontalière

La société d'économie mixte locale

La Société d'Economie Mixte Locale (SEML) est une structure de droit français, reconnue dans le Traité de Bayonne de 1995[1], et créée par la loi du 7 juillet 1983[2], qui définit la SEML comme une entreprise des collectivités territoriales. Il s'agit d'une société anonyme associant des collectivités territoriales majoritaires (communes, départements, régions ou leurs groupements) et des partenaires économiques et financiers de droit privé ou de droit public étranger. L'adhésion des collectivités locales étrangères est régie par l'article L. 1522-1 CGCT. Elle a pour avantage de garantir aux collectivités locales la prise en compte de l'intérêt général dans les objectifs de l'entreprise. Mais les limites de la structure viennent du fait que, comme dans les GIP, les collectivités françaises doivent être majoritaires et détenir plus de la moitié du capital. Contrairement aux GIP, désormais il n'est plus nécessaire qu'un accord étatique préalable soit conclu[3]. A la frontière franco-espagnole, on recense une SEML, la commune aragonaise de Bielsa ayant une participation de 1% au capital de la SEML d'Aragnouet Piau-Engaly (Hautes-Pyrénées) qui exploite les remonte-pentes de la station de Piau-Engaly.

Les insuffisances de ces structures démontrent l'attente d'un nouvel outil juridique au service de la coopération, nouvel outil qui est peut-être le GECT que nous étudierons *infra*.

---

[1] Voir *infra* Le Traité de Bayonne de 1995

[2] Modifiée par la loi du 2 janvier 2002

[3] Loi n°2000-1208 du 13 décembre 2000

Chapitre 2 - Les accords binationaux de coopération territoriale

Les coopérations transfrontalières vont au-delà des relations interétatiques qui sont trop globales pour prendre en compte spécifiquement les bassins transfrontaliers. La coopération territoriale entre collectivités locales apporte davantage de proximité à la démocratie et permet une meilleure connaissance du voisin. Car il est évident qu'un ensemble d'éléments favorise les relations humaines et institutionnelles de part et d'autre d'une frontière. Mais face à l'émergence de la coopération transfrontalière au niveau local, les autorités étatiques notamment les États centralisés ont voulu encadrer légalement une pratique qui leur échappait, apportant alors un complément juridique aux textes du Conseil de l'Europe.

1 - Un phénomène européen

Après-guerre, le premier accord est conclu entre la France et l'Allemagne. En 1963, est signé le Traité sur la coopération franco-allemande dit le Traité de l'Elysée. Ce traité fixe les objectifs d'une coopération accrue entre la France et l'Allemagne dans les domaines des relations internationales, de la défense et de l'éducation. C'est sur la base de cette coopération en matière d'éducation que les jumelages se sont alors multipliés entre les deux pays, le but étant que les citoyens se rapprochent les uns des autres. La jeunesse franco-allemande est particulièrement ciblée sur le long terme. Est alors créée la fondation de l'Office franco-allemand pour la jeunesse œuvrant pour l'apprentissage des langues, l'équivalence des diplômes et les échanges scolaires.

L'ensemble des États européens signent des accords en ce sens, notamment lorsque les États ont une identité commune forte. Dès lors, en 1977, la Norvège, la Suède, la Finlande et le Danemark signent l'Accord Nordique actant la coopération entre municipalités. Puis en 1986, les Pays-Bas, la Belgique et le Luxembourg concluent la Convention Benelux. En 1993, l'Italie signe deux accords-cadres, respectivement avec l'Autriche et la Suisse. En 2003, l'accord de Valence est conclu entre l'Espagne et le Portugal.

De son côté, la France a initié une vague d'accords binationaux encadrant la coopération avec tous ses voisins : en 1963 avec l'Allemagne puis viennent l'Accord de Rome entre la France et l'Italie en 1993, le Traité de Bayonne entre la France et l'Espagne en 1995, l'Accord de Karlsruhe entre la France, le Luxembourg, l'Allemagne et la Suisse en 1996, l'Accord de Bruxelles entre la France et la Belgique en 2002. Nous nous attarderons plus longuement sur le Traité de Bayonne.

Ces accords ont en commun d'encadrer la coopération entre collectivités locales au niveau inter-gouvernemental, de mettre en application les dispositions de la Convention-Cadre de Madrid et de spécifier des domaines particuliers de coopération. Ils ont tous un caractère contraignant et obligatoire pour leurs signataires. Ils représentent un premier jalon dans l'établissement d'une coopération encadrée juridiquement, coopération qui dépend alors de la volonté des États.

2 - Le Traité de Bayonne de 1995

Les prémisses du Traité de Bayonne se retrouvent dans l'accord de coopération culturelle, scientifique et technique signé à Madrid le 7 février 1969, entre la France et l'Espagne[1]. Cet accord prévoit les échanges entre experts universitaires des deux États. La coopération territoriale se faisant largement sur cette thématique, nous pouvons avancer que cet accord ouvre la voie au Traité de Bayonne. Il est suivi par quatre autres accords ratifiés le 5 novembre 1985[2] et instaurant une coopération binationale sectorielle, auxquels s'ajoute l'accord DATAR-

[1] Décret n° 70-658 du 10 juillet 1970
[2] Décret n° 85-1163 du 10 novembre 1985

MOPU du 30 décembre 1985 et qui doit mettre en œuvre une approche conjointe de l'aménagement du territoire.

Le Traité de Bayonne[1] de 1995 institutionnalise enfin la coopération entre collectivités locales à la frontière franco-espagnole. Suite à la ratification de la Convention de Madrid de 1980 dans laquelle est précisé que le champ d'application de la Convention n'est valable que dans le cas où un accord bilatéral a été signé entre États, la France et l'Espagne signent ce traité en 1995. Elles établissent alors trois formes juridiques de coopération transfrontalière autour de trois structures de coopération relevant toujours d'un droit national. En droit français, sont désormais possibles les Groupements d'Intérêt Public de coopération transfrontalière et les Sociétés d'Economie Mixte Locales ; en droit espagnol, les groupements sous forme de Consorcio.

Dès le Préambule[2], les États évoquent un phénomène qui leur a échappé et dont ils ont pris conscience, qu'ils veulent désormais maintenir et développer. Dans ce même passage, est précisé que la coopération transfrontalière renforce la construction européenne, en développant notamment le sentiment d'appartenance à une même communauté malgré des spécificités locales qui n'ont pas vocation à être annihilées. Ceci est une première et fait pleinement écho aux principes de la Convention de Madrid. Par ailleurs, l'ensemble des échelons de collectivités territoriales est concerné par cette coopération[3].

Le Traité limite les marges de manœuvre locales dans une certaine mesure. En effet, dès l'article 3, le domaine de coopération suppose une double condition : un intérêt commun entre collectivités et des compétences propres (et non déléguées)

---

[1] Traité de Bayonne de 1995 :
http://www.espaces-transfrontaliers.org/document/TraitedeBayonne.pdf

[2] Préambule du Traité de Bayonne : « La République française et le Royaume d'Espagne, ci-après dénommés les Parties contractantes, Conscients du dynamisme de la coopération entre les collectivités territoriales concernées par le présent Traité ; Désireux de maintenir et de développer cette coopération pour enrichir les relations bilatérales des Parties contractantes et renforcer la construction européenne … »

[3] Article 2 du Traité de Bayonne

prévues en droit interne. De plus, la coopération doit désormais s'appuyer sur des conventions de coopération qui en France, doivent être avalisées par le Préfet de région et en Espagne par le Ministère des Administrations publiques. Un minimum juridique doit par ailleurs figurer dans la convention tel qu'établi à l'article 6. Enfin, il est possible de créer des organes communs de réflexion ou d'études, sans personnalité juridique[1].

Mais, cette législation internationale ne suffit pas à encadrer la coopération coutumière qui s'est mise en place jusqu'alors. Le droit européen comble dans une certaine mesure cette insuffisance juridique.

---

[1] Article 7 du Traité de Bayonne

Chapitre 3 - La coopération territoriale : d'un programme d'initiative communautaire à un objectif de l'Union européenne

La coopération territoriale a enfin été consacrée dans la construction européenne à laquelle elle participait. D'abord appuyée timidement par des actions communautaires, elle est devenue l'un des trois objectifs de la politique régionale de l'Union européenne, qui a reconnu son importance au sein du Traité de Lisbonne.

1 - La vulgarisation du programme Interreg

En 1975, le Fonds européen de développement régional prévoit déjà des dispositions en faveur de projets transfrontaliers. Selon l'article 5 du règlement FEDER, près de 5 % du fonds est destiné à des investissements à caractère frontalier. Puis, durant toute la décennie 1980, l'idée d'une politique régionale impulsée par l'Union européenne est portée par des hommes forts de la construction européenne comme Jacques Delors qui résumait l'européanisation en trois mots : « la concurrence qui stimule, la coopération qui renforce, la solidarité qui unit ». C'est bien sur la base de ces trois axes que s'est développée la politique régionale européenne, qui prend vite le nom de politique de cohésion (Acte unique de 1987). Dès les années 1980 et jusqu'à aujourd'hui, le premier objectif d'une telle politique est de réduire les écarts de développement entre régions européennes, qui sont poussées à coopérer. En octobre 1982, la conférence des ministres européens responsables des collectivités locales décide d'une réelle politique en faveur d'une action locale conjointe de collectivités, qui se concrétise dans l'Acte unique.

En 1988, Jacques Palard[1] analyse la coopération territoriale comme « une forme de diplomatie des collectivités territoriales européennes qui constitue l'un des sous-produits essentiels de la politique régionale ». Et c'est dans ce contexte que le programme Interreg est renforcé en tant que programme d'initiative communautaire. Le programme naît selon Jacques Palard de la « régionalisation des affaires européennes au travers des fonds structurels » et de la « fin du monopole des relations inter-étatiques » sans qu'il n'y ait de « substitution ». Ingebord Tömmel parle alors d'une « stratégie silencieuse » de la Commission qui établit des relations de plus en plus fortes avec l'échelon régional via le FEDER et Interreg. Le concept d'Europe des régions connait ainsi une première forme de concrétisation et d'affirmation dans une réalité politique, renforcée par le Traité de Maastricht et sous l'impulsion de Jacques Delors. Ce Traité qui crée le Comité des Régions, permet à celles-ci de se libérer en un sens de la tutelle étatique. L'Union européenne leur permet d'impulser des politiques publiques et d'influer indirectement sur la politique nationale de chaque État sans passer par le pouvoir central et en coopérant horizontalement. Ces coopérations aliènent alors le concept de frontière de l'État-nation, déjà malmené par l'Espace Schengen sans frontières internes. Désormais, la construction européenne est bien dans une phase d'intégration politique où l'Europe des États s'éloigne et laisse place à une Europe aux réalités territoriales différentes, ayant officialisé la coopération.

Le programme Interreg émerge donc en 1990 dans une politique régionale naissante et dans une volonté d'atténuer « l'effet-frontière », que nous pouvons définir comme la persistance de clivages entre populations de part et d'autre d'une frontière politique nationale et qui biaise le développement d'une citoyenneté européenne et d'une cohésion à l'échelle de la zone frontalière et plus largement de l'Union européenne. Interreg est l'un des douze PIC, censé appuyer les objectifs des fonds structurels dans l'aménagement du territoire

---

[1] Jacques Palard, « Vers l'Europe des régions », *Problèmes politiques et sociaux, Dossiers d'actualité mondiale*, La Documentation française, n° 806, 1988.

européen. Il bénéficie de 8 % des fonds structurels. Les institutions communautaires désirent apporter un traitement spécifique aux zones transfrontalières qui représentent près de 15 % de son territoire et 10 % de sa population. Il a pour finalité de promouvoir le développement économique des régions frontalières. 31 programmes de coopération transfrontalière bénéficiant de fonds Interreg voient le jour de 1991 à 1993[1]. Le programme connait un certain engouement mais est critiqué pour son effet d'aubaine, son opacité et sa complexité. La seconde génération de ce PIC démontre toutefois un attrait certain : 70 programmes sont mis en place ; 60 concernent le volet transfrontalier et 10, et cela pour la première fois, le volet transnational. Interreg II[2] a alors pour objectif d'« aider les zones frontalières à surmonter les problèmes spécifiques en matière de développement découlant de leur isolement relatif dans les économies nationales ; encourager la création et le développement de réseaux d'information et de coopération de part et d'autre des frontières ; et favoriser l'adaptation des zones frontalières extérieures à leur nouveau rôle de zones frontalières d'un seul marché intégré ». Ces buts se déclinent déjà en mesures dans de nombreux domaines que l'on retrouve au fil des générations : le développement rural, l'environnement, la formation, les infrastructures ...[3] L'engouement qu'il suscite est tel, qu'il voit son budget presque doubler à chaque génération[4] et son importance croître.

2 - L'intégration de la coopération territoriale en trois volets à la politique de cohésion, liée à l'édification d'une Europe des régions

La politique régionale a pour but de supprimer les disparités économiques et sociales entre régions européennes ; elle est aussi appelée la politique de cohésion, définie à l'article 158 du TCE pour « permettre un développement harmonieux du

[1] Doté d'un budget de 800 millions d'écus.
[2] Doté d'un budget de 2 400 millions d'écus.
[3] Information extraite du site Interreg III Wallonie – Lorraine – Luxembourg : http://www.interreg-wll.org
[4] Période 2000-2006, budget de 4,875 milliards d'euros ; période 2007-2013, budget de 7,8 milliards d'euros.

territoire européen et réduire les écarts de développement entre les 27 États membres et les 268 entités régionales de l'Union ». Son support idéologique est alors l'Europe des régions qui construit une européanisation par le bas et sa concrétisation juridique est le Traité de Lisbonne.

La mise en place d'une Europe régionale avec l'Acte unique européen de 1987

La « cohésion économique et sociale », inscrite dans l'Acte unique de 1987[1] est la base institutionnelle de la politique régionale. Cette politique est dans la continuité de l'Europe des régions voulue par les pères fondateurs de l'Europe tels que Robert Schuman qui disait en 1950 : « l'Europe ne se fera pas d'un coup, ni dans une construction d'ensemble : elle se fera par des réalisations concrètes créant d'abord une solidarité de fait ». Cette politique régionale a alors comme instrument principal le FEDER créé en 1975, disposant alors de 4,8 % du budget communautaire contre près de 40 % aujourd'hui. Mais pour John Loughlin à l'origine, la politique régionale n'avait pour but que d'harmoniser les politiques régionales nationales et d'éviter les subventions illégales sous couvert d'une aide aux régions. Pour preuve, même avec Maastricht, c'est le Conseil des Ministres qui décide de la politique régionale à adopter ; chaque État est alors libre de consulter en interne les pouvoirs infranationaux.

Néanmoins, il est évident qu'en 1985-1988, les réformes du FEDER et l'instauration d'une politique de cohésion apportent un certain niveau de régionalisme à la construction européenne. C'est en 1988 que sont introduits les principes de partenariat et de subsidiarité à la base de la politique régionale et de la mise en œuvre de la coopération interrégionale. Le partenariat s'entend alors comme l'association de toutes les autorités gouvernantes concernées à la conduite de l'action publique ; la subsidiarité est la prise de décision optimale, c'est-à-dire au niveau politique le plus bas possible. La pertinence de l'échelon

[1] Acte Unique Européen, 1987, Titre V, art. 130A et suiv.

plurirégional est alors évidente pour certaines thématiques, notamment transfrontalières. La même année, rappelons que le PIC Interreg est créé.

Le Traité de Maastricht et les premiers pas du fédéralisme dans lequel la coopération plurirégionale est imbriquée

Le Traité de Maastricht de 1992 introduit certains caractères fédéralistes aux institutions européennes notamment dans la place accordée dès lors aux Régions. Il définit les grandes lignes de la politique régionale. De plus, sur la base du Traité sont définis les objectifs pour les fonds structurels. Ces objectifs changent au fil des générations mais conservent leur postulat initial : réduire les écarts de développement, soutenir les régions en difficultés (géophysiques, désindustrialisation, reconversion…), lutter contre le chômage et favoriser le plein-emploi, inciter à la coopération… Les fonds structurels sont les outils au service de cette politique et sont en recherche constante d'efficacité et de contrôle. Dans la décennie 2000, deux stratégies sont au cœur des orientations de la politique régionale : la Stratégie de Lisbonne qui veut faire de l'Union l'économie la plus compétitive du monde en 2020 et la stratégie de Göteborg qui place les enjeux de développement durable en objectifs transversaux de toute action communautaire. Par ailleurs, la coopération est un thème sur lequel les citoyens sont en attente d'Europe. Dans une enquête de Fondapol de mai 2011, lorsque l'on demande à un Français, « quel mot correspond bien à l'Europe », la coopération est un de ces mots pour 62 % des Français.

C'est dans ce contexte que la coopération territoriale se développe juridiquement et empiriquement. Elle bénéficie d'une enveloppe de fonds structurels importante, étant vue comme un moyen de réduire les écarts entre régions européennes. De plus, l'uniformisation n'est plus une finalité de l'Union européenne. L'européanisation est désormais menée par une harmonisation avant tout spontanée voire suggérée par la Commission auprès des Etats. Les relations entre organismes publics européens se modifient et intègrent une dynamique nouvelle, celle des échanges d'expérience et transposition de bonnes pratiques. La coopération territoriale se définissant à la base comme une concertation, une coopération, un échange, il est certain qu'à ce titre, elle a bénéficié d'un regain d'intérêt, notamment dans la période 2000-2006 (4,9 milliards d'euros de FEDER). Mais un pas supplémentaire est franchi pour la quatrième génération (et ses 7,5 milliards d'euros de FEDER).

La quatrième génération d'Interreg et l'architecture en trois volets

Pour la période 2007-2013, trois objectifs sont au cœur de la politique régionale : la convergence, la compétitivité et l'emploi, et la coopération. Via ces trois objectifs dits les 3C, l'Europe aide d'une part économiquement les régions, le local mais également elle permet une action de proximité relayée par les instances infranationales. La politique de cohésion est désormais le premier poste budgétaire de l'Union européenne derrière la PAC. Quatre principes entourent alors leur distribution[1] et forment selon Adam Smith une « véritable idéologie du développement territorial et de la territorialisation européenne ». La coopération fait évidemment partie de cette idéologie.

Le PIC n'existe plus et la coopération territoriale est devenue le troisième objectif de la politique de cohésion. Désormais, elle se décline en trois volets : coopération transfrontalière, transnationale et interrégionale, déclinaison créée à la troisième génération du programme Interreg[2] et reprise dans la génération numéro IV dont la terminologie a survécu empiriquement.

[1] Ces principes sont la concentration (ciblage de l'action pour en augmenter l'efficacité), le partenariat (déjà évoqué), la programmation (la construction d'une stratégie dans la durée), l'additionnalité (le cofinancement deniers européens et deniers publics nationaux ou infranationaux).

[2] Connu sous les noms de : Interreg IIIA, transfrontalier ; Interreg IIIB, transnational ; Interreg IIIC, interrégional.

3 - La reconnaissance de la coopération dans le Traité de Lisbonne

Pour la première fois avec le Traité de Lisbonne, un traité européen érige en principe communautaire l'autonomie locale définie par la Charte de l'autonomie locale de 1985 du Conseil de l'Europe. Dès lors, il semble indéniable que le Conseil de l'Europe a eu et conserve une influence sur la place accordée à la coopération territoriale dans l'Union. Le Traité de Lisbonne accorde ainsi un nouveau souffle à la régionalisation de la construction européenne. Parmi les caractéristiques de ce principe, se trouve la participation des collectivités locales et régionales dans le processus d'élaboration de normes législatives comme gage de la démocratie locale, de la démocratie et la reconnaissance de la coopération plurirégionale comme base de la citoyenneté européenne. La coopération est au service de la politique de cohésion économique, sociale, mais aussi désormais territoriale[1].

[1] Changement à l'article 4 du traité sur le fonctionnement de l'Union européenne (TFUE) et à l'article 3 du traité sur l'Union européenne (TUE) mentionnant désormais la cohésion territoriale parmi les compétences de l'Union.

Deuxième partie - Le réalisme d'une coopération horizontale à la frontière franco-espagnole

Comme le soulignent Julien Weisbein et Romain Pasquier[1], l'Europe est avant tout « une variable exogène qui va provoquer des changements dans le tissu local ou régional dans lequel elle s'inscrit ». La coopération territoriale n'échappe pas à ce phénomène, elle s'européanise. Selon Romain Pasquier, « dans l'ordre des politiques publiques européennes, il s'agit non plus de voir comment celles-ci sont décidées « en haut » mais bien, avant tout, comment elles sont perçues et réappropriées concrètement « par le bas ». Cette européanisation n'est qu'en partie impulsée par les institutions européennes ; elle est aussi développée par le bas dans ce que l'on peut nommer une coopération horizontale.

Nous verrons que cette coopération s'est développée (chapitre 2) puis européanisée (chapitre 3) malgré une frontière politique qui dès sa mise en place ne laisse que peu de places aux échanges transfrontaliers (chapitre 1).

[1] Julien Weisbein et Romain Pasquier, « L'Europe au microscope du local. Manifeste pour une sociologie politique de l'intégration communautaire », *Politique européenne*, n°12, Harmattan, janvier 2004.

Chapitre 1 - La mise en place historique de la frontière

La frontière franco-espagnole est l'une des plus stables et des plus anciennes d'Europe. Dès le 17ème siècle, son tracé est presque définitif et c'est bien cette stabilité qui a permis le développement d'échanges de proximité, inter-valléens, entre populations qui connaissaient alors très bien le massif et les porosités de la frontière.

1 - L'enracinement de la frontière dans le Traité des Pyrénées et la moindre place accordée aux pouvoirs locaux face à la prééminence du pouvoir central

En 1659, le Traité des Pyrénées est le premier cadre institutionnel fixant une frontière entre la France et l'Espagne, mettant fin par là-même à la guerre de Trente ans qui opposait les deux pays depuis 1635.

Par ce traité, l'Espagne cède à la France de nombreux territoires, notamment à la frontière pyrénéenne : l'Artois, le Roussillon et 33 villages de Cerdagne[1]. Mais au-delà des échanges territoriaux, cet accord crée une route sans contrôle douanier (« route neutre ») de 4 km qui relie la ville espagnole de Llivia, enclavée en zone française, à l'Espagne jusqu'à Puigcerda. Ce tracé est officialisé dans l'accord dit de Llivia signé en 1660. Cette route est le premier exemple de libre-circulation institutionnalisée à la frontière. Par ailleurs, une certaine forme de libre-échange semble s'instaurer entre les deux États. A l'article 5, est proclamée une libre-circulation des

[1] Articles 42 à 60 du Traité des Pyrénées, disponible sur : http://mjp.univ-perp.fr/traites/1659pyrenees4.htm#1

marchandises entre Français et Espagnols[1]. Cette liberté est relative, les droits de douane n'étant pas encore supprimés. Par ailleurs, une définition commune et une interdiction de la contrebande est énoncée à l'article 12[2]. A l'article 17, est créé le premier passeport franco-espagnol pour les marins uniquement autour d'un formulaire commun aux deux pays[3]. Enfin, l'article 109 prévoit le mandatement de commissaires issus des deux États et ayant la charge de mettre en œuvre ensemble les modalités du traité. C'est la commission dite de Figuerres, ancêtre de la Commission internationale des Pyrénées de 1875[4], toujours en activité et en charge des questions de douanes entre la France et l'Espagne. Elle est aujourd'hui la plus ancienne des commissions frontalières permanentes en Europe.

Le lieu de signature est empreint de symboles ; ce traité est signé sur l'île des Faisans, sur la rivière Bidassoa qui sépare les deux États, entre Hendaye et Irun. Ce lieu est aussi celui de la rencontre entre l'Infante d'Espagne Marie-Thérèse et le Roi Louis XIV, tel que prévu à l'article 5 des articles secrets[5]. Plus

---

[1] Article 5 du Traité des Pyrénées : « Les Sujetz des deux costez, quels qu'ilz soient, pourront, en gardant les Loix et Coûtumes du pays, aller, venir, demeurer, trafiquer, et retourner au pays l'un de l'autre, marchandement et comme bon leur semblera, tant par Terre que par Mer, et autres Eaux douces, traiter et negotier ensemble : et seront soustenus et defendus les Sujetz de l'un au pays de l'autre, comme propres Sujetz, en payant raisonnablement les droits en tous lieux accoûtumez. »

[2] Article 12 du Traité des Pyrénées : « En ce genre de marchandises de contre-bande, s'entendent seulement estre comprises toutes sortes d'armes à feu, et autres assortiments d'Icelles : comme canons, mousquetz, mortiers, petards, bombes, grenades, saucisses, cercles poissez, afusts, fourchettes, bandoleres, poudres, corde, salpestre, balles, piques, espées, morions, casques, cuirasses, halebardes, javelines, chevaux, selles de cheval, fourreaux de pistoletz, baudriers, et autres assortiments servans à l'usage de la Guerre. »

[3] Article 17 du Traité des Pyrénées : « Lesdits navires d'Espagne, pourront envoyer leur petite barque ou chaloupe au bord des navires ou barques Françoises, et faire entrer dedans deux ou trois hommes seulement à qui seront montrez les passeports, par le maistre ou patron du navire François, en la maniere cy-dessus spécifiée, selon le Formulaire qui sera inséré à la fin de ce Traité ; par lequel il puisse apparoistre non seulement de sa charge, mais aussi du lieu de sa demeure et residence, et du nom tant du maistre et patron, que du navire mesme. »

[4] Jean Sermet, « Le centenaire du traité des limites et la commission internationale des Pyrénées », *Revue d'histoire diplomatique*, Tome 90, Paris, 1996.

[5] Article 5 des articles secrets du Traité des Pyrénées : « Dame Marie-Thérèse accordée au Roy Très-Chrestien pour son espouse, arrivera aux frontières des deux Royaumes et entrera en France au plus tard dans le 25e jour d'Avril de l'année prochaine 1660 (…), ladite dame Infante luy sera remise sur la rivière Bidassoa. »

tard, à cet emplacement, un poste frontière sera installé et fortement gardé sous la dictature franquiste puis laissé vide à l'instauration de l'espace Schengen, comme symbole d'une frontière qui n'est plus synonyme de barrière.

Les 17ème, 18ème et 19ème siècles sont essentiellement marqués par des régimes politiques mettant l'État en majesté (absolutisme, mise en place de l'État-nation, Républiques centralisées, Empires …). Ceci ne laissant que peu de place aux pouvoirs locaux en France comme en Espagne. Néanmoins, dès le Traité des Pyrénées, avait été engagée une concertation des pouvoirs locaux, notamment catalans, dans le tracé de la frontière. En effet, la négociation la plus difficile concerne la frontière de l'est-pyrénéen, une frontière politique correspondant à une confrontation linguistique entre langue d'oc et langue catalane. Mazarin a le dernier mot en faisant appel à l'argument du ressort géographique ; la frontière naturelle est délimitée par les « crêtes divisoires » dans les Pyrénées. A l'article 42, le tracé de la frontière catalane reste assez flou mais néanmoins, il s'agit d'un premier pas dans la concertation des pouvoirs locaux pour un problème transfrontalier. Sans oublier que concernant la place accordée au local par l'État, en France, les États généraux du Tiers-État ont toujours représenté une certaine écoute de la part du pouvoir central envers les pouvoirs locaux. Rôle symbolique en 1615, ils deviennent les instigateurs de la Révolution française en 1789 en rédigeant le Serment du Jeu de Paume.

2 - La codification des relations locales transfrontalières au 19ème siècle

Le 19ème siècle voit naître les premiers grands projets de communication transpyrénéens[1] notamment dans une optique de réhabilitation des chemins de Saint-Jacques de Compostelle.

De plus, les échanges dans le massif ne se préoccupent pas des limites de la frontière. Les communes situées à quelques

[1] Jean Sudre, *La coopération transfrontalière franco-espagnole*, ANRT, Lille, 2001.

kilomètres de distance mais qui sont localisées de part et d'autre de la frontière mettent en place des coopérations à très petite échelle, d'autant plus que l'accord de Llivia a été maintenu, permettant ainsi une libre-circulation de marchandises et de personnes entre villages transfrontaliers.

Le premier Traité de Bayonne[1] en 1858 instaure enfin une zone neutre à la frontière de libre-circulation des personnes et libre usus des terres, des ruisseaux, des bois ... sans en accorder le fructus. L'article 20 précise que la navigation est libre sur le cours de la Bidassoa. Sur le tracé de la zone commune[2], est acté que « l'usage [des terres] en sera libre pour les troupeaux et les habitants des deux côtés de la frontière ». Ce traité reconnaît également les contrats de pâturage[3], comme gage de « rapports de bon voisinage ». Par ailleurs, l'article 17 supprime les droits de douane pour les troupeaux. Ce traité prévoit également de nombreux territoires « *indivis* » entre les deux pays, notamment l'île des Faisans. Par ailleurs, par ce traité, la frontière franco-espagnole est de nouveau légèrement modifiée[4]. Les deux États se concèdent des territoires dans un marchandage sans réelle concertation des pouvoirs locaux. Par exemple, en échange de l'acceptation du tracé de la frontière au milieu de la Bidassoa par l'Espagne, la France accorde une partie de la Vallée de Baigorri dite le Pays Quint. Ainsi, 2500 hectares du Kintoa deviennent territoire espagnol, mais ses habitants sont et demeurent majoritairement français. L'article 15 reconnait alors la propriété de ces habitants et prévoit que les impôts fonciers sont payés en Espagne alors que la taxe d'habitation est du ressort de la France.

Pour Jean Sudre, ce traité marque alors la volonté des deux États « d'atténuer les effets frontaliers et de faciliter la vie quotidienne des habitants des zones frontalières »[5]. Mais au-

---

[1] Traité de Bayonne de 1858:
http://www.doc.diplomatie.gouv.fr/BASIS/pacte/webext/bilat/DDD/18560008.pdf
[2] Article 12 du Traité de Bayonne de 1858
[3] Article 14 du Traité de Bayonne de 1858
[4] Articles 1 à 9 du Traité de Bayonne de 1858
[5] Jean Sudre, *La coopération transfrontalière franco-espagnole*, ANRT, Lille, 2001, p. 33.

delà, ce texte est important car il redéfinit la frontière et surtout car il reconnait officiellement les « rapports de bon voisinage » qui existent entre Pyrénéens espagnols et Pyrénéens français, ce qui peut s'apparenter à la première forme de reconnaissance d'une coopération transfrontalière, à la première codification de la coopération transfrontalière.

Chapitre 2 - Une coopération franco-espagnole ancienne de collectivités territoriales

La coopération de part et d'autre de la frontière franco-espagnole s'est développée en dehors du monopole étatique des relations extérieures. Elle s'est développée entre communes sous la forme de jumelages et entre entités locales plus fortes après la décentralisation ; décentralisation qui a alors été accompagnée d'une acceptation progressive de la part des États d'un phénomène qu'ils ont dès lors encadré.

1 - Une coopération spontanée : les jumelages

Les jumelages entre villes européennes se sont développés dans un contexte de réconciliation franco-allemande après-guerre, en contournant le monopole étatique dans la conduite des relations internationales. L'échelon communal, dont les compétences sont partagées dans toute l'Europe, est apparu le plus à même de développer cette nouvelle forme de coopération locale transnationale à la base de l'Europe des citoyens. Cette pratique était largement appuyée par le Conseil de l'Europe. Aussi, Jean Bareth, premier Secrétaire général du Conseil des Communes d'Europe, instance émanent du Conseil de l'Europe, définit le jumelage comme « la rencontre de deux communes qui entendent s'associer pour agir dans une perspective européenne, pour confronter leurs problèmes et pour développer entre elles des liens d'amitié de plus en plus étroits ».

Les jumelages se développent ainsi dans toute l'Europe démocratique, sans cadre juridique formel, dans une spontanéité et une évidence. En France, il existait pourtant un décret de 1956[1] qui imposait une déclaration en préfecture pour toute

[1] Décret du 24 janvier 1956 créant une commission chargée de coordonner les échanges internationaux dans le domaine communal

constitution de jumelage mais cette pratique n'a pas été usitée. Désormais, la France et ses quelque 36 670 communes est le pays européen le plus jumelé. Sur les 20 000 jumelages recensés en Europe, 30 % intègrent une commune française. Elles sont au nombre de 4 025, jumelées avec plus de 6 000 partenaires européens. Les autres continents ne représentent que 7 % des jumelages. Il s'agit d'une pratique de proximité, 90 % des jumelages se faisant avec un pays membre de l'Union européenne. Les 513 jumelages franco-espagnols occupent le quatrième rang avec près de 8 % des partenariats, après l'Allemagne (32 %), le Royaume-Uni (15 %) et l'Italie (13 %)[1].

L'engouement pour ce type de coopération s'explique par plusieurs raisons. Tout d'abord, il est clair que le peu de législation interne sur la question a représenté une facilitation de la procédure réduite à un cadre juridique *a minima*. En France et en Espagne, il revient au Conseil municipal d'en décider, le Serment de jumelage étant conclu entre maires démocratiquement élus. Dès lors, l'exécutif doit convaincre le Conseil municipal de conclure un accord de jumelage dont les caractéristiques règlementaires ne requièrent pas une techno-expertise. Plus les conseils municipaux sont de taille réduite et plus le jumelage est aisé. Aussi, les communes essentiellement rurales et de taille réduite de la frontière franco-espagnole ont développé cette pratique. De plus, la proximité élus/citoyens à l'échelon communal est d'autant plus forte dans les communes rurales, très présentes à la frontière franco-espagnole, ce qui est un second facteur d'explication. Le jumelage consiste en des échanges entres collectivités partenaires mais aussi à la mise en place d'interaction des sociétés civiles respectives. Dès lors, les communes rurales dont les actions sont très ancrées dans la réalité locale et proches de leurs habitants sont les plus à même d'impulser un jumelage performant qui assure une participation des forces vives de la commune. Enfin, il est clair que la taille de la commune a une influence, notamment en termes d'appropriation du jumelage dans la vie locale. A l'échelle des petites communes transfrontalières, les événements en lien avec

[1] Voir Annexe 3

le jumelage sont fortement appropriés par la presse locale et la population. Dès lors, la visibilité des jumelages est plus forte que dans d'autres États ou sur d'autres frontières.

Les jumelages sont donc les premiers pas d'une coopération locale transfrontalière ; les échanges qu'ils ont permis, ont notamment aidé les élus et les administrations à aller vers la culture voisine, ce qui a alors suscité un premier pas vers la coopération institutionnalisée entre les autres échelons de collectivités locales.

2 - Une évidence qui s'est institutionnalisée : la coopération transfrontalière d'entités régionales

A la frontière franco-espagnole, spontanément s'est développée une coopération entre entités locales qui prend alors la forme d'une action extérieure pour les échelons infra-étatiques ; celle-ci se manifeste toujours indépendamment de l'État et ses racines sont la proximité culturelle, linguistique et géographique des territoires. Elle se matérialise sous de multiples formes, comme il est possible de le constater lors des réunions actuelles autour du thème de la coopération territoriale. Elle prend la forme de relations humaines, par notamment des voyages entre personnels et politiques locaux, permettant la prise de contact et le maintien de relations informelles interinstitutionnelles. Ces relations sont entretenues lors de forums et colloques internationaux réunissant toujours les mêmes membres qui se connaissent et se tutoient. Très tôt, cette prise de contact conduit aussi à l'ouverture de bureaux de défense d'intérêts économiques et culturels de part et d'autre de la frontière. Plus formellement enfin, la coopération peut impliquer la création de plateformes d'échanges ou la signature d'accords. Dans le Registre des Conventions de coopération transfrontalière[1], sont ainsi recensées 23 conventions de coopération entre la France et l'Espagne. Certaines ont une

[1] Information disponible sur le site du ministère de la politique territoriale et de l'administration publique espagnole : http://www.mpt.gob.es/areas/politica_local/cooperacion_local/cooperacion_transfronteriza_territorial/convenios_de_cooperacion_transfronteriza.html

vocation spécifique et une durée limitée, d'autres ont un caractère multilatéral et une vocation politique globale ; on peut ainsi citer la convention portant création de l'association CTP et celle portant création du fonds commun Aquitaine-Euskadi que nous allons étudier à présent.

L'association 'Communauté de Travail des Pyrénées' ou CTP et le triple rôle d'une coopération horizontale

En 1983, les régions pyrénéennes (Conseils régionaux français et Communautés autonomes espagnoles) décident de créer la Communauté de Travail des Pyrénées (CTP), qui est une instance de coopération avec pour but « d'échanger et de débattre, entre tous les membres, sur des questions techniques afin de parvenir à des solutions coordonnées ». Après dix ans d'existence, les huit membres de la CTP veulent aller plus loin qu'un simple échange entre autorités locales et se rassemblent au sein d'une association de droit français. L'association a pour but de coordonner les politiques publiques locales en direction du massif pyrénéen et ainsi apporter une réponse globale aux problèmes induits par le massif dans une zone de vie qui ne se soucie pas toujours de la frontière, et de mettre en œuvre des actions ciblées. L'association a pour but de « contribuer au développement du Massif pyrénéen tout en assurant la prise en compte de ses enjeux et la préservation de ses richesses »[1]. La demande d'une politique coordonnée d'aménagement du massif croît toutefois avec le temps, si bien qu'en 2005, l'association CTP dispose d'une organisation dense faite de commissions sectorielles[2] et de groupes de travail spécifiques[3] qui subdivisent certaines commissions. Chaque Commission, coordonnée par un des membres de l'association et se réunissant de deux à quatre

[1] http://www.ctp.org/modulos.php?idmodulos=6

[2] Les quatre commissions sectorielles de la CTP sont : Commission 'infrastructures et communications' ; Commission 'formation et développement technologique' ; Commission 'culture, jeunesse et sports' ; Commission 'développement durable'.

[3] Les cinq groupes de travail de la CTP sont : Groupe de travail de la Jeunesse ; Groupe de travail du Sport ; Groupe de travail de la Culture ; Groupe de travail d'Economie ; Groupe de travail sur les infrastructures digitales et les technologies de diffusion numérique.

fois par an, incarne une préoccupation commune nécessitant une réponse coordonnée pour l'ensemble de la chaîne pyrénéenne telle que les infrastructures et le développement durable. Ces deux thèmes ne peuvent être traités que globalement au risque qu'une action publique ne soit biaisée par une autre. Chaque commission met en œuvre des activités transfrontalières dans une large autonomie ; aussi, la CTP mène et finance des activités diverses répondant à un besoin commun. Par exemple, en mai 2005, un appel d'offre en matière de développement technologique est lancé (dit I+D) et permet de financer la création de partenariats et de réseaux interrégionaux de centres de recherche. Autre exemple : la réalisation de séminaires sur la sécurité en montagne. Certaines des activités de la CTP ont aussi pour but de mettre en avant une identité pyrénéenne commune et ainsi de légitimer la coopération. Il est possible de citer l'exposition itinérante sur l'évolution historique de la cartographie des Pyrénées de 2004 ou les deuxièmes Journées de la jeunesse en 2006, ou bien plus récemment l'année 2011 comme étant l'année des Pyrénées. Enfin, la CTP a aussi vocation à acquérir une visibilité à l'extérieur de son territoire et notamment auprès des institutions européennes. C'est pourquoi en 2005, est rédigé la « Position commune de la Communauté de travail des Pyrénées sur les nouvelles perspectives financières 2007-2013 ».

Aussi notons un triple rôle pour cette coopération horizontale : la réponse commune à des préoccupations spécifiques ; la promotion d'une identité pyrénéenne et par là-même d'une identité européenne ; l'affirmation d'une existence politique auprès des institutions nationales et européennes.

Le fonds commun Aquitaine-Euskadi et l'affirmation d'une coopération bilatérale au local

Le Fonds commun Aquitaine-Euskadi est institué en 1992 et fait suite à une coopération spontanée entre Pays Basque français et Pays Basque espagnol. Les échanges entre ces deux territoires n'ont jamais cessé et sous la dictature franquiste, bien que la frontière eût été verrouillée, les populations espagnoles se réfugiaient volontiers en France et les familles séparées parvenaient toujours à se voir. Aussi, la frontière avait un symbole d'union indéfectible et lorsque le régime franquiste a disparu, les échanges n'ont fait que se développer. En matière universitaire notamment, puisque les jeunes Basques espagnols pouvaient trouver en France des formations plus complètes que dans l'Espagne postfranquiste. D'autre part, les Basques français pouvaient aisément suivre des cours en langue basque dans les universités espagnoles, ce qui était rare en France. Dès lors, le Conseil régional d'Aquitaine et la Communauté autonome d'Euskadi se sont saisies de ces pratiques citoyennes qu'ils ont désiré développer via un fonds commun, aujourd'hui financé à hauteur de 600 000 euros par collectivité, et qui consacre une grande partie de ses fonds aux échanges scolaires. Il s'agit d'une « coopération basée dans l'accompagnement de projets de coopération »[1]. En matière universitaire, le fonds finance ainsi des bourses pour des étudiants désirant passer un semestre ou une année dans une université de l'autre côté de la frontière en Aquitaine, Euskadi ou Navarre. Cette mobilité est indépendante du programme Erasmus et permet aux étudiants d'effectuer une mobilité de proximité avant de songer à une mobilité internationale. Le fonds finance également les coûts engendrés par la mise en place de doubles diplômes ou de cotutelles de thèse. Enfin, il subventionne un poste de coordinateur du réseau des universités Aquitaine-Euskadi-Navarre.

Il est évident que ce fonds dispose d'une capacité financière limitée ; néanmoins, ses actions sont largement perceptibles par la population. Le fonds permet une intensification des échanges et renforce une coopération ancienne, historique et culturelle. Cette coopération se fait sans aucune intervention étatique et c'est dans cette même logique qu'elle se transforme en un futur GECT Aquitaine-Euskadi, un GECT de proximité, de deux collectivités territoriales qui ont appris à travailler en commun, sur une base culturelle, et sans implication des États.

[1] Propos de Jean-Marie BLANC, entretien réalisé en juin 2011.

3 - Une reconnaissance par l'État : laborieuse en France, spontanée mais tardive en Espagne

Le concept d'État-nation confère à l'autorité centrale des pouvoirs régaliens dont celui de la conduite des relations extérieures avec le reste du monde. Aussi, même si l'européanisation et plus largement la mondialisation remettent en cause la sphère de compétences étatiques en la rendant poreuse, les « affaires étrangères » sont de la compétence du gouvernement qui dispose d'un ministère en charge de la question et de représentations dans les autres États autour d'une science nécessitant des connaissances (les relations internationales) et de la pratique pour être bien usitée (la diplomatie). Toutefois, comme le précise Nicolas Weismer[1], « les autorités centrales n'ont pas les moyens matériels pour gérer, par la voie diplomatique, l'ensemble des politiques publiques à mener sur leurs frontières », ce qui légitime les coopérations infra-étatiques. Les relations transfrontalières se sont alors développées indépendamment de ce monopole constitutionnalisé en France et en Espagne. La zone frontalière étant un bassin de vie nécessitant une réponse locale précise à des aspirations communes, la coopération entre entités publiques et populations a pris son essor, naissant de la libre initiative et de la libre volonté de ses acteurs. Elle a alors nécessité des encadrements de la part de l'État. Dès lors, les États français et espagnol ont fixé certaines règles à la coopération territoriale : l'information aux pouvoirs publics étatiques de la création d'un organisme (dite communication préalable) et l'imposition d'un contenu minimal dans les statuts créant la structure de coopération, qui doivent être publiés au Journal officiel. Par ailleurs, la législation a été longue à se mettre en place jusqu'à permettre une coopération encadrée des collectivités locales avec d'autres États.

L'acceptation progressive de la coopération territoriale par l'État va dans le sens d'une nouvelle forme de gouvernance à

---

[1] Nicolas Weismer in, Carlos Fernandez da Casadavente Romani, « L'Etat et la coopération transfrontalière », *Actes de la journée d'étude du 13 septembre 2006*, Bruylant, 2007, pp. 85-101.

l'échelle européenne et d'une nouvelle approche de la démocratie. La France et l'Espagne ont ainsi depuis les années 1980 engagé un processus de décentralisation des compétences de l'État vers les collectivités territoriales, les dotant alors de compétences propres et leur reconnaissant un droit de défense de leurs intérêts particuliers.

Quelques réticences apparaissent toujours néanmoins. Par exemple, les collectivités territoriales ne sont pas toujours invitées ou représentées lors des sommets interétatiques comme le Sommet franco-espagnol de 2006 à Girona. Or, cette participation directe aux sommets bilatéraux est une préoccupation commune des collectivités territoriales transfrontalières.

En France, une réticence ancienne qui se décrispe

En 1975, Raymond Barre, ancien vice-président de la Commission européenne, déclare, concernant la coopération transfrontalière : « une telle coopération devait s'effectuer dans le cadre d'accords bilatéraux intergouvernementaux » ce qui laisse bien transparaître l'idée d'un monopole gouvernemental sur les relations extérieures, aux mains du ministère des affaires étrangères. Ce monopole se formalise notamment en 1995 par l'inscription au Code Général des Collectivités Territoriales (CGCT) d'une interdiction pour ces collectivités de conclure des conventions avec des États étrangers[1]. Cet article n'a toutefois pas empêché les régions françaises de la frontière franco-espagnole de créer l'association CTP qui contourne ce problème juridique. L'inscription d'un tel article dans le CGCT montre l'attachement de l'État à son autorité en matière d'affaires étrangères. Mais cette inscription fait suite à la promulgation de la loi d'orientation n° 95-115 du 4 février 1995 qui autorise l'adhésion des collectivités territoriales françaises à des organismes soumis au droit étranger[2] mais qui ne permet pas

[1] Article L. 1115-5 du CGCT
[2] Article 83 de la loi d'orientation n° 95-115 du 4 février 1995

qu'une convention soit passée avec l'État étranger conformément à un amendement déposé le 12 juillet 1994.

Avant cette loi, l'État français avait déjà fait quelques pas juridiques en faveur de la coopération transfrontalière. La loi du 6 février 1992 était la consécration législative de la coopération décentralisée dont elle reconnait l'existence et la portée pour le territoire français, suivie de la loi du 2 mars 1982 (dite loi Defferre) précisant qu'il revient aux Conseils régionaux d'organiser la coopération transfrontalière. L'entrée en vigueur de la Convention de Madrid en 1984 est un nouveau pas dans la reconnaissance étatique de la coopération. Plus tard, la loi du 2 février 2007 indique que les collectivités territoriales peuvent « conclure des conventions avec des autorités locales étrangères pour mener des actions de coopération ou d'aide au développement ». Avant, cela supposait une autorisation en décret en Conseil d'État, mais à présent seule une autorisation par arrêté du Préfet de région est nécessaire, et cela toujours dans le cadre d'accords internationaux. Enfin l'application du règlement GECT va encore plus loin en faveur de la coopération territoriale. La France a ainsi modifié l'article 1115-5 du CGCT et autorise désormais des conventions entre collectivités territoriales françaises et un autre État, mais ce uniquement dans le cadre du GECT.

Désormais, en France, 3 250 collectivités territoriales nouent plus de 6 000 liens de coopération impliquant des autorités de plus 115 pays[1].

En Espagne, une consécration tardive

En Espagne, la ratification de la Convention de Madrid n'a lieu qu'en 1990. Par cette ratification tardive, le gouvernement espagnol réaffirme que les relations extérieures sont du domaine de compétences de l'État, la coopération territoriale n'est alors possible qu'après un accord préalable interétatique. L'État joue

[1] Chiffre de la Commission nationale de la coopération décentralisée

le rôle d'« organisateur » de la coopération transfrontalière[1]. C'est le ministère des administrations publiques qui en est responsable conformément à un décret de 1997 portant sur la communication préalable aux conventions de coopération transfrontalière[2] ; ce ministère porte en 2011 le nom de ministère de la politique territoriale et de l'administration publique. Contrairement à la France, il s'agit bien d'une communication préalable et non d'une autorisation, le ministère n'exerçant qu'un contrôle de légalité et non d'opportunité. Le seul contrôle d'opportunité exercé est alors de vérifier la conformité de la coopération avec la politique extérieure nationale mais dans les faits, ce contrôle est inexistant, les coopérations territoriales avec des pays-tiers étant souvent consensuelles et en réponse à une demande locale. *A posteriori*, le ministère assure un contrôle et un suivi de la coopération, notamment dans le cadre des fonds structurels ; en France, ce contrôle et ce suivi est exercé par la Préfecture de région.

Le monopole étatique sur les affaires étrangères et le contrôle étatique sur la coopération territoriale est donc sensiblement proche en France et en Espagne. Néanmoins, la répartition des compétences en Espagne établie depuis 1978 accorde une grande marge de manœuvre aux Communautés autonomes, une autonomie variable entre ces entités. Aussi cette décentralisation des pouvoirs et des compétences, dans un système quasi fédéraliste nuance la proximité franco-espagnole du contrôle de l'État sur la coopération. Dans la pratique, ce contrôle est plus souple en Espagne, ce qui justifie le peu de textes juridiques dans ce sens. Par ailleurs, il est important de souligner que l'autonomie des Communautés autonomes est variable, certaines ayant davantage de compétences que d'autres. Ainsi, la Catalogne a une grande liberté dans l'exercice de la coopération avec des autorités territoriales étrangères ; de plus, dans le nouveau statut de la Catalogne de 2006, son

---

[1] José María Pérez Medina in, Carlos Fernandez da Casadavente Romani, « L'Etat et la coopération transfrontalière », *Actes de la journée d'étude du 13 septembre 2006*, Bruylant, 2007.

[2] Real Decreto 1317/1997, 1 de agosto, sobre Comunicación previa de los Convenios de Cooperación transfronteriza

autonomie politique est élargie notamment en ce qui concerne ses relations avec l'extérieur.

Chapitre 3 - L'européanisation de la coopération horizontale

Nous avons donc vu le caractère spontané et non officialisé de la coopération transfrontalière. Mais nous ne nous sommes pas encore penchés sur les raisons de son développement. Au-delà des échanges induits par la frontière en tant que zone de vie, les collectivités locales et plus spécifiquement les Régions françaises et les Communautés autonomes espagnoles ont vu dans la coopération, un moyen de participer activement à la construction européenne, construction qui représente un moyen d'accroître leurs compétences qu'elles ont européanisées. Comme le soulignent Julien Weisbein et Romain Pasquier[1], « l'européanité d'un phénomène n'est pas une caractéristique en soi, auto-construite et détachée : elle réside dans l'interaction constante entre la dimension communautaire (comment un problème ou un thème est défini ou pris en charge au niveau de l'UE) et la dimension nationale et infra-nationale (comment des acteurs se sont structurés sur ce problème et incorporent, dans la stratégie qu'ils mettent en œuvre pour le résoudre, la variable européenne) ». De plus, les institutions européennes ont reconnu notamment dans le programme Interreg que la coopération territoriale participe au développement de la citoyenneté européenne. Aussi il est intéressant d'étudier l'interaction entre les acteurs de la coopération et les institutions européennes, deux groupes qui ont besoin l'un de l'autre pour asseoir et accroître leur légitimité.

---

[1] Julien Weisbein et Romain Pasquier, « L'Europe au microscope du local. Manifeste pour une sociologie politique de l'intégration communautaire », *Politique européenne*, n° 12, Harmattan, janvier 2004.

1 - La consécration des jumelages dans le programme « Europe du citoyen »

Les jumelages sont une initiative émanant du local, portée par le Conseil de l'Europe, qui a pris un tel essor que les pouvoirs publics ont légiféré pour la développer et l'encadrer.

Aussi, dès 1988, les instances européennes se saisissent de la question et apportent un soutien financier aux actions de jumelage en créant un fonds « destiné à approfondir et à développer le mouvement des jumelages de communes en Europe comme un espace de sensibilisation à la citoyenneté européenne »[1]. Ce fonds est aujourd'hui intégré au programme « Europe pour les citoyens » pour la période 2007-2013, dans le deuxième des cinq thèmes[2] « la citoyenneté européenne active » dont les mesures 1.1 et 1.2 sont directement réservées aux jumelages[3]. La Commission européenne a alors défini sept thèmes prioritaires de jumelages[4], tous dans le sens d'une européanisation de cette pratique locale et internationalisée. Ainsi pour obtenir une aide financière au titre de la mesure 1.1, les rencontres de citoyens de villes jumelées doivent également informer les participants sur les questions européennes et « sur ses avantages ».

On peut donc souligner que les jumelages ont évolué ; désormais ils représentent un outil de communication et de promotion de l'idée européenne au-delà des échanges et de la

---

[1] Extrait de la *Fiche technique sur le soutien aux jumelages de villes* en Europe, distribuée par l'AFCCRE en 2011.

[2] Les cinq thèmes sont : « L'avenir de l'Union Européenne et ses valeurs fondamentales ; La citoyenneté européenne active : la participation et la démocratie en Europe ; Le dialogue interculturel ; Le bien-être des gens en Europe : l'emploi, la cohésion sociale et le développement durable ; L'impact des politiques communautaires dans les sociétés. »

[3] Mesure 1.1 vise à financer des activités de sensibilisation européenne à l'occasion de rencontres ponctuelles de citoyens de communes jumelées. Mesure 1.2 vise à financer des réseaux de coopération entre communes jumelées.

[4] Les sept thèmes sont : « Célébration de la journée de l'Europe ; Année européenne de lutte contre la pauvreté et l'exclusion sociale en 2010 ; Année européenne du volontariat en 2011 ; Egalité des chances en politique ; Le dialogue interculturel ; L'engagement des citoyens sur les grandes questions sociales de l'Union européenne ; Les activités sportives promouvant la citoyenneté active et le volontariat. »

symbolisation de l'ouverture entre communes participantes. L'Union européenne a ainsi encadré et développé cette pratique au prix d'une redéfinition de sa finalité. Toutefois, il est évident que les jumelages participent au développement du sentiment d'appartenance à un même groupe et donc, étant principalement menés entre communes européennes, ils favorisent le développement de la citoyenneté européenne. Ainsi, l'action de l'Union européenne dans le programme « Europe du citoyen » ne vise qu'à une accélération de l'européanisation induite spontanément et horizontalement par les jumelages. Par ailleurs, le fonds ne finance chaque année que près de 1000 projets européens entre villes jumelées en Europe. De plus, la subvention ne peut excéder les 22 000 euros (44 000 euros si le projet implique plus de 10 pays) dans le cadre des rencontres entre citoyens, ce qui ne couvre généralement pas l'ensemble des frais engagés par les communes partenaires. Concernant les manifestations au titre de la mesure 1.2, le financement peut s'élever à 150 000 euros mais le projet doit au moins associer quatre villes partenaires de pays différents. Il ne s'agit donc que d'un fonds d'appui et de développement de l'idée de jumelages et non un encadrement législatif et financier européen global.

L'Union européenne laisse ainsi aux jumelages leur liberté d'action et n'intervient que dans la promotion et l'aide ponctuelle à cette pratique, que nous pouvons analyser comme l'expression d'actions top-down développant une pratique bottom-up ancienne.

2 - La CTP comme autorité de gestion des fonds structurels : d'une association à un consorcio

En 1993, la Communauté de Travail des Pyrénées (CTP) est créée en tant qu'association de droit français ; elle est l'expression d'une volonté politique commune des présidents de Région qui s'associent en faveur du développement des Pyrénées et de la coopération transfrontalière. Mais très vite, l'association présente des limites, juridico-administratives notamment. Selon la Mission opérationnelle transfrontalière, « le statut associatif ne permettait pas en effet à la CTP d'agir 'directement' : les projets devaient être validés par plusieurs assemblées délibératives (pour chaque collectivité) et cela engendrait lourdeur et lenteur[1] ». Or, la frontière pyrénéenne est désormais un bassin de vie à développer, et pour ce faire, il convient de mettre en place des projets pour ce territoire. Dès lors, l'idée d'un consorcio de droit espagnol voit le jour lors du 23ème Conseil plénier des Présidents de la CTP, « un moment clef de consolidation politique et juridique »[2], qui s'est tenu le 16 septembre 2005. Consolidation politique puisque la CTP a vocation à être « un interlocuteur privilégié pour [les] États et pour les institutions de l'Union européenne »[3] ; aussi, les membres de la CTP désirent désormais apporter une visibilité politique à l'échelle nationale et européenne à leur association. Consolidation juridique puisque le consorcio dispose de la personnalité morale et peut à ce titre être porteur de projets, bénéficiaire de fonds structurels mais aussi gestionnaire de ces fonds via un programme opérationnel validé par l'Union européenne, qui a dès lors une plus grande capacité de promotion de l'idée européenne.

Cette capacité de gestionnaire des fonds structurels, obtenue en 2007, permet à la CTP de bénéficier d'une nouvelle capacité politique puisqu'elle devient l'autorité de gestion, de contrôle et de suivi des projets financés au titre de la coopération territoriale européenne, obtenant de ce fait un rôle clef dans le développement de la zone transfrontalière. Le consorcio[4] est alors l'autorité de gestion du POCTEFA (Programme

[1] http://www.espaces-transfrontaliers.org/territoire/proj_ctp.html
[2] « Déclaration commune des Présidents de la Communauté de Travail des Pyrénées », *Actes et déclarations du 23ème Conseil plénier de la CTP*, Barcelone, 2005.
[3] « Déclaration commune des Présidents de la Communauté de Travail des Pyrénées », *Actes et déclarations du 23ème Conseil plénier de la CTP*, Barcelone, 2005.
[4] La CTP en tant que consorcio a été créée le 22 novembre 2005 sans l'Andorre. Le consorcio CTP, comme l'association, a pour membre les régions pyrénéennes, trois régions françaises (Aquitaine, Midi-Pyrénées, Languedoc-Roussillon) et quatre régions espagnoles (Pays Basque, Navarre, Aragon, Catalogne) auxquelles s'ajoute l'Andorre comme membre associé. Toutes ces régions sont affectées par le massif pyrénéen et ont pour objectif de développer ses capacités et atténuer ses handicaps, car il est évident que les faiblesses et les atouts du territoire montagnard pyrénéen ne se soucient pas d'une quelconque frontière politique ; ils sont communs à un ensemble géophysique que représente les Pyrénées.

Opérationnel de Coopération Territoriale Espagne-France-Andorre), programme qui permet d'octroyer des fonds européens FEDER (Fonds Européen de Développement Régional) à des projets transfrontaliers qui apportent une valeur ajoutée au massif et qui favorisent son développement dans une approche « bottom-up », c'est-à-dire de petites initiatives locales. Toutefois, la CTP reste une association dans laquelle siègent des élus régionaux et des représentants de l'État d'Andorre et demeure chargée d'impulser une politique globale pour le massif pyrénéen, politique qui se retrouve dans les grands axes du POCTEFA. Toutefois, l'Andorre, non signataire du Traité de Bayonne et non membre de l'Union, ne peut faire partie du Consorcio.

La volonté des élus de renforcer la coopération transfrontalière vient du fait qu'il est évident que chaque entité locale à la frontière mène des actions en direction du massif pyrénéen. Or, dans un souci d'efficience, il convient de se concerter et de coordonner l'ensemble de ces politiques afin de répondre au mieux aux aspirations du massif. Ceci s'intègre dans deux phénomènes perceptibles à l'échelle de l'Union. Le premier émane du local et est une volonté générale en Europe de promotion d'un nouveau modèle de coopération transfrontalière de proximité afin de surmonter l'effet-frontière et d'impulser une réelle politique de développement du territoire transfrontalier. Le second est davantage institutionnalisé ; il s'agit d'un processus d'harmonisation douce, basé sur une libre volonté politique, qui favorise le développement de la concertation à tous les échelons de gouvernance, formalisé au niveau des institutions européennes par la dite Méthode Ouverte de Coordination (MOC)[1] et qui répond à une tendance administrative nouvelle : le benchmarking et l'échange de bonnes pratiques. Aussi le consorcio CTP s'intègre pleinement dans cette double mouvance et témoigne du développement de

[1] Selon la Commission européenne, la MOC est « un processus volontaire de coopération politique fondé sur l'établissement d'objectifs et d'indicateurs communs destinés à mesurer la progression vers ces objectifs. »

la coopération horizontale entre collectivités locales françaises et espagnoles à la frontière.

3 - L'intégration commune dans des réseaux européens et transeuropéens

Enfin, la coopération horizontale entre collectivités territoriales de part et d'autre de la frontière se manifeste également dans l'intégration et la création de réseaux européens et paneuropéens d'autorités locales. Il s'agit d'abord de réseaux sectoriels pour des autorités avec des compétences locales et affectées par des problématiques communes (par exemple, l'ADEPFO, Association de Développement des Pyrénées par la Formation et l'AEM, Association Européenne des Elus de montagne). Richard Balme parle volontiers de "clubs interrégionaux"[1]. Puis de plus en plus, les réseaux s'intensifient jusqu'à constituer de véritables groupes de lobbying, qui défendent les intérêts locaux. Il ne s'agit plus de coopérations transfrontalières ni de clubs de régions réunies autour de problèmes sectoriels mais « de configurations de dimension intermédiaire pour tenter d'instaurer de nouvelles relations territoriales qui contribuent à l'organisation polycentrique de l'espace social européen »[2]. En ce sens, nous étudierons l'ARE, l'Assemblée des Régions d'Europe.

La coopération sectorielle : l'exemple de l'Association Européenne des élus de Montagne (AEM)

Les autorités locales font rapidement le choix de coopérer dans des associations sectorielles européennes, des réseaux de régions, chargés de partager des solutions pour des problèmes similaires. Puis peu à peu, les responsables de ces réseaux font figure d'experts du secteur concerné et deviennent ainsi des forces de consultation et de lobbying auprès des institutions

[1] Richard Balme, « Pourquoi le gouvernement change-t-il d'échelle ? », *Les Politiques du néorégionalisme. Action collective régionale et globalisation*, Economica, Paris, 1996, pp. 22-28.
[2] *Idem*

européennes. Aussi, concernant directement les autorités locales pyrénéennes, nous étudierons l'Association Européenne des élus de Montagne (ou AEM)

L'AEM est créée en mars 1991 et bénéficie du statut consultatif auprès du Conseil de l'Europe et du statut d'observateur à la Conférence alpine. L'initiative de sa fondation revient à l'intergroupe "montagne" du Parlement européen, à l'Association nationale des élus de la montagne (ANEM) de France, ainsi qu'à l'Union nationale des communes et communautés de montagne (UNCEM) d'Italie. Ses fondateurs entendent ainsi appliquer l'une des résolutions de la déclaration finale de la deuxième Conférence européenne des régions de montagne organisée à Trento en 1988 par le Conseil de l'Europe. L'objectif fondamental de l'AEM est d'obtenir qu'en Europe, et particulièrement au sein de l'Union européenne, soit mise en place une politique globale en faveur des zones de montagne, définie selon des principes partagés tels que le développement durable ou la préservation des paysages, et des moyens financiers conséquents, nécessaires à sa mise en œuvre. Pour atteindre cet objectif, l'AEM souhaite rassembler tous les élus de montagne et toutes les collectivités des régions de montagne afin de défendre les intérêts des populations montagnardes auprès des autorités publiques régionales, nationales et européennes.

Ainsi, les collectivités territoriales pyrénéennes ont été sollicitées pour être membres de ce réseau, d'autant plus que sa création est impulsée par une association française d'élus de montagne. Dès lors, sont devenues membres de ce réseau six des sept autorités locales pyrénéennes présentes sur le massif à savoir le Parlement de Navarre, la Generalitat de Catalunya, le Parlement basque, le Gouvernement d'Aragon, la Région Aquitaine et la Région Midi-Pyrénées[1].

---

[1] Seule la Région Languedoc-Roussillon ne fait pas partie de l'AEM, mais cette région est davantage concernée par sa façade maritime que par sa faible zone montagnarde. Aussi, il est évident que l'adhésion à la CTP est d'ores-et-déjà un gage d'intérêt pour le massif pyrénéen de la part de cette collectivité.

Il est difficile de ne pas faire un parallèle entre cette adhésion et le développement de la coopération transfrontalière ; les différentes rencontres entre représentants pyrénéens dans le cadre de la coopération transfrontalière sont des lieux d'échanges de bonnes pratiques, d'expériences faisant naître un phénomène d'émulation poussant les collectivités à s'engager dans le même sens. Aussi l'intégration dans des réseaux à vocation spécifique est de nouveau une manifestation d'une coopération horizontale européanisée, dans le sens qu'elle est commune au continent européen mais aussi encadrée par les institutions européennes. L'association est largement financée par les cotisations de ses adhérents (75 %) mais reçoit également des subventions et autres fonds européens favorisant cet échange de bonnes pratiques au sein de réseaux. Là encore, nous sommes en présence d'une pratique bottom-up, captée *a posteriori* par les instances européennes qui mènent alors des actions top-down.

L'association de régions portant la politique régionale : l'exemple de l'Assemblée des Régions d'Europe (ARE)

Parallèlement aux coopérations horizontales sectorielles entre collectivités, certains réseaux ont une vocation plus globalisante, à l'instar de l'Assemblée des Régions d'Europe. Ce réseau est créé en 1985 et regroupe un très grand nombre de Régions (au sens d'autorités locales entre l'échelon communal et le gouvernement) de la Grande Europe. Les sept régions pyrénéennes, conscientes du rôle que ce réseau peut jouer et étant sans cesse dans une volonté de renforcement de leur coopération, en sont toutes membres. Il s'efforce de représenter une position régionale commune sur des thématiques concernant directement les collectivités telles que le contenu de la politique de cohésion. L'ARE est organisée en commissions thématiques dont une est consacrée à la politique régionale et de cohésion. La politique de cohésion est alors vue comme un « outil de solidarité financière » entre régions européennes. Par ailleurs, ce réseau, mis en place dans la décennie Delors, veut promouvoir l'idée d'une Europe des régions. Plus précisément, il s'agit de défendre auprès des institutions européennes et nationales, le principe de subsidiarité selon lequel la décision publique est prise par l'échelon gouvernemental le plus proche des citoyens et qui est le plus apte à y répondre. Ceci impose alors une certaine autonomie des autorités territoriales pour mettre en œuvre des politiques publiques et un champ de compétences régionales élargi. Enfin, la construction européenne accorde un réel pouvoir politique aux autorités infra-étatiques, d'une part dans la réappropriation des politiques publiques nationales et européennes lors de leur exécution, et d'autre part dans leur consultation avant certains projets de normes européennes. Les institutions européennes ont ainsi offert un rôle aux régions dans la prise de décision. Dans le règlement général pour la politique de cohésion 2007-2013[1], est affirmé le principe de gestion partagée des fonds structurels entre l'Union, les États membres et les régions. C'est pourquoi, l'ARE est désormais un organe de consultation pour le Conseil de l'Europe et en lien direct avec le Comité des Régions de l'Union européenne, qui dispose d'un pouvoir de consultation obligatoire avant l'élaboration d'une norme européenne en lien avec des problématiques locales. Par exemple, l'ARE a organisé en partenariat avec la Commission européenne, le 7 décembre 2010, une conférence sur la définition de la future politique de cohésion et sur la place des régions dans la stratégie UE 2020.

L'ARE a donc un rôle triple : défendre les positions communes des régions européennes malgré leur nombre et leur diversité ; être un organe de consultation reconnu par les institutions européennes et nationales ; se positionner comme une force de lobbying, défenderesse d'une conception de la construction européenne autour de l'idéologie de l'Europe des Régions.

---

[1] Règlement CE n° 1083/2006

Troisième partie - La multiplicité d'instances de coopération à la frontière confrontée à l'efficience, nouveau paradigme de l'action publique

Cette dernière partie est consacrée aux questionnements induits par la réalité de la coopération territoriale franco-espagnole. Trois aspects de cette réalité seront alors abordés.

Le premier aspect est l'influence de l'Union européenne qui a créé comme un référentiel de la coopération territoriale à l'échelle européenne, référentiel dans lequel s'insèrent les différentes formes de coopérations à la frontière et qui est l'expression d'une dynamique top-down en matière de coopération. Le deuxième chapitre est davantage consacré à la coopération dite transfrontalière dont le développement semble accéléré par la création d'un nouvel instrument européen, le GECT. Enfin, le dernier aspect de la réalité de la coopération transfrontalière est celui du constat de la multiplicité d'instances de coopération dont la légitimité a certaines limites et dont l'efficience peut être en partie remise en cause.

Chapitre 1 - Les trois volets de la coopération territoriale européenne présents à la frontière franco-espagnole : entre stratégies communes et intérêts spécifiques

La coopération territoriale européenne est multiple ; elle est transfrontalière, transnationale, interrégionale et plurirégionale. Elle est un phénomène local qui s'est européanisé, sous l'impulsion évidente des institutions communautaires. Or, quel cadre offre la norme européenne ? Comment l'Union arbitre-t-elle entre la nécessité d'un encadrement juridique fort pour légitimer son action, mais également souple pour permettre une réappropriation par le local et une adaptation à chaque réalité territoriale ? Nous verrons que l'Union européenne a créé un référentiel de la coopération d'une part, mais qu'il est suffisamment souple pour les différentes réalités locales européennes d'autre part, et spécifiquement pour la frontière franco-espagnole, théâtre d'une coopération transfrontalière, transnationale et interrégionale telle que définie par l'Union mais pas seulement.

1 - Un référentiel communautaire commun aux trois volets de la coopération territoriale

La règlementation européenne est désormais vaste concernant la coopération territoriale, tel que nous l'avons vu *supra* et continuerons de l'aborder dans cette dernière partie. En plus de cet encadrement normatif, les moyens financiers mis à disposition de l'objectif 3 de la politique de cohésion sont conséquents et symbolisent la réappropriation par les institutions européennes de la coopération entre collectivités locales. Toute réappropriation suppose une redéfinition du concept, aussi, nous allons voir en quoi la législation européenne a consolidé un socle minimal de principes inhérents à la coopération, dans ses trois volets (transfrontalier, transnational et interrégional).

Les « Stratégies » européennes

Les institutions européennes fonctionnent en définissant des stratégies à moyen terme, validées par le Conseil européen, et qui représentent les objectifs transversaux communs à toute politique européenne. La génération 2007-2013 se développe ainsi autour de deux stratégies qui sont la « Stratégie européenne en faveur de la croissance et de l'emploi » dite Stratégie de Lisbonne de 2000, revisitée en 2005 et la « Stratégie européenne en faveur du développement durable » dite Stratégie de Göteborg de 2001. La Commission européenne étant garante de la mise en œuvre de ces stratégies, elle intègre ces objectifs dans ceux de la programmation pluriannuelle et s'assure que les investissements se concentrent sur ces thèmes. Pour ce faire, la Commission a mis en place un nouvel outil le 'ear-marking' qui consiste à imposer que chaque action finançable par les fonds structurels réponde à une mesure et à un objectif ciblés. Dès lors, neuf thèmes généraux ont été établis[1] : recherche et développement technologique, innovation et esprit d'entreprise ; société de l'information ; transports ; énergie ; protection de l'environnement et prévention des risques ; accroissement de la capacité d'adaptation des travailleurs et des sociétés, des entreprises et des entrepreneurs ; amélioration de l'accès à l'emploi et l'insertion durable ; intégration sociale des personnes moins favorisées ; amélioration du capital humain. Ainsi, chaque action financée par l'Union et donc chaque action de coopération territoriale est intégrée dans une stratégie globale imposée par l'Union européenne et les États, mais qui est suffisamment générale et consensuelle pour être acceptée par les territoires.

[1] Annexe IV du Rectificatif au Règlement (CE) n° 1083/2006, publié le 31 juillet au Journal officiel de l'Union européenne.

La finalité de l'Objectif 3 contribue également à la définition d'un référentiel pour la coopération.

L'objectif de coopération territoriale européenne pour la génération 2007-2013 vise à « renforcer la coopération aux niveaux transfrontalier, transnational et interrégional »[1]. L'Union européenne reconnaît ainsi la coopération territoriale sous ses trois volets. L'objectif de coopération a pour finalité de « promouvoir des solutions communes pour des autorités de différents pays ». Il est ainsi un outil au service des acteurs de la coopération. L'Union européenne définit néanmoins des domaines clés pour la coopération à savoir « les domaines du développement urbain, rural et côtier, le développement des relations économiques et la mise en réseau des PME ». Toutefois, la terminologie de « développement urbain, rural et côtier » laisse une marge de manœuvre aux autorités faisant de la coopération et permet d'intégrer une large gamme d'activités. L'Union précise enfin les secteurs qu'elle entend financer en priorité, définissant une coopération axée sur « la recherche, le développement, la société de l'information, l'environnement, la prévention des risques et la gestion intégrée de l'eau ». Sur ces six thèmes, les trois premiers entrent pleinement dans les objectifs de Lisbonne et les trois autres dans ceux de Göteborg.

Par ailleurs, les institutions européennes jouent un autre rôle en matière de coopération puisqu'elles définissent les territoires éligibles pour chaque volet de la coopération et leur attribuent des objectifs plus spécifiques. Aussi, en matière de coopération transfrontalière, les zones éligibles sont des territoires de niveau NUTS 3 affectés par une frontière terrestre interne de l'Union ; pour la frontière franco-espagnole, cela correspond à cinq départements français et à cinq *provincias* espagnoles. Cette territorialisation de la coopération transfrontalière implique une proximité quasi-immédiate des actions de coopération et semble

---

[1] « Guide sur la politique de cohésion 2007-2013 », *Commentaires et textes officiels*, Union européenne, Politique régionale, 2007.

exclure des territoires tels que les Régions et les Communautés autonomes dans le portage de projets de coopération[1]. Ces territoires peuvent bénéficier des fonds FEDER s'ils répondent aux deux objectifs de la coopération transfrontalière[2] qui sont d'une part, apporter une solution commune à des problèmes communs sur une zone frontalière, et d'autre part supprimer l'effet-frontière. En matière de coopération transnationale, toutes les régions sont éligibles, le territoire européen dans sa totalité ayant été découpé par la Commission européenne et en concertation avec les États membres, en treize zones de coopération. Pour la frontière franco-espagnole, il s'agit du territoire SUDOE[3] qui intègre l'intégralité de la péninsule ibérique ainsi que six régions françaises du sud-ouest et du centre de la France. Ces ensembles doivent développer des stratégies essentiellement en matière de transports et de communication, ainsi qu'en termes de préservation des ressources naturelles poussant des autorités locales dans des zones géographiques élargies à coopérer et à « réfléchir à des problématiques communes au sein de macro-régions européennes ». Enfin, en matière de coopération interrégionale qui consiste à un financement de la mise en réseau d'autorités locales dans un but d'échanges d'expérience, tout le territoire de l'Union est éligible.

L'Union européenne appuie donc les actions de coopération territoriale quelles qu'elles soient et reconnaît l'importance de ces actions pour le développement de la citoyenneté et de la cohésion européenne ; toutefois, elle cible des priorités de financement et oriente ainsi la coopération dans des objectifs transversaux communs à toute politique européenne.

---

[1] Parmi les réponses à la consultation publique sur le 5ème rapport Cohésion, une majorité de régions françaises prônent une éligibilité NUTS 2 en matière de coopération transfrontalière.

[2] Article 7 du Règlement n° 1083/2006 du Parlement européen et du Conseil du 11 juillet 2006 portant dispositions générales sur le FEDER, le FSE et le Fonds de cohésion.

[3] En plus de l'espace SUDOE, il existe l'espace Méditerranée, englobant certaines régions françaises et espagnoles de la frontière ; il s'agit d'un espace sur les frontières extérieures de l'Union que nous n'étudierons pas ici.

Les OSC et les CRSN

Enfin, les Orientations Stratégiques Communautaires (OSC) et les Cadres de Références Stratégiques Nationaux (CRSN) parachèvent ce socle commun de valeurs européennes pour la coopération ; toutefois en comparant les CRSN français et espagnol, certaines différences surviennent ce qui limite de nouveau les champs pour la coopération territoriale à la frontière franco-espagnole.

Les OSC en matière de coopération territoriale sont au nombre de trois. La première rappelle les Stratégies transversales qui encadrent toute politique européenne : « concentration d'actions de coopération sur les objectifs (…) de Lisbonne et Göteborg ». La deuxième est au cœur de la politique de cohésion qui vise à rendre les territoires de l'Union homogènes, offrant un niveau de vie équivalent : « promotion d'actions qui contribuent à l'intégration économique et sociale tout particulièrement dans les zones où existent de fortes disparités frontalières ». Enfin, la troisième est dans le sens d'un aboutissement du marché intérieur avec une disparition des frontières internes et une libre-circulation effective : « amélioration des infrastructures de transport de communication ». Il s'agit là d'objectifs généraux non limitatifs qui visent davantage à légitimer la coopération qu'à l'encadrer.

Néanmoins, via les CRSN, les États déterminent des priorités nationales pour l'attribution des fonds structurels qui encadrent plus fortement la coopération. Aussi, en matière de coopération transfrontalière, l'écriture d'un Programme Opérationnel suppose une certaine concordance entre les objectifs de chaque CRSN, ce qui n'est pas toujours le cas, notamment pour la France et l'Espagne[1]. L'Espagne définit trois objectifs pour son CRSN : « faire de l'Espagne un pays plus attrayant pour les investisseurs et les habitants », cet objectif ne correspondant pas directement à un objectif français ; « améliorer la connaissance

[1] « Guide sur la politique de cohésion 2007-2013 », *Cadres de référence stratégiques nationaux*, Union européenne, Politique régionale, 2008.

et l'innovation afin de stimuler la croissance », cet objectif semble lui correspondre à l'objectif 1 du CRSN français intitulé « Innovation et économie de la connaissance » ; et enfin, le dernier objectif espagnol est d'« améliorer l'emploi tant sur le plan quantitatif que qualitatif », ce qui correspond légèrement à l'objectif 2 de la France « formation, emploi pour les groupes prioritaires, gestion des ressources humaines et inclusion sociale ». La correspondance entre objectifs français et espagnols n'est donc pas évidente d'autant plus que la France détermine trois autres objectifs[1] qui sont absents du CRSN espagnol et qui concernent essentiellement le développement durable et les Technologies de l'Information et de la Communication (TIC). Ces différences en engendrent d'autres, notamment dans la ventilation des fonds par thème, qui détermine les domaines pour les mesures choisies dans les Programmes Opérationnels. Aussi par exemple, alors que près de 28 % des fonds FEDER espagnols ciblent les transports qui en sont le deuxième thème d'action, le CRSN français ne prévoit que près de 12 % de fonds FEDER pour ce thème, bien moins prioritaire que la RDT et l'environnement.

Mais ces différences représentent-elles réellement des obstacles lors de l'élaboration des programmes opérationnels de coopération territoriale ? Il semblerait que non, puisque si nous prenons l'exemple du POCTEFA, les axes prioritaires choisis reprennent les objectifs des deux CRSN. Aussi, l'axe 1 « renforcer l'intégration transfrontalière en valorisant les complémentarités sur le plan des activités économiques, de l'innovation et du capital humain » reprend les objectifs en matière d'innovation et d'emploi présents dans les deux CRSN ; l'axe 2 « valoriser les territoires, le patrimoine naturel et culturel dans une logique durable – protéger et gérer les ressources environnementales » est dans la droite ligne des quatrième et cinquième objectifs français de développement durable ; et enfin l'axe 3 « améliorer la qualité de vie des populations au travers

[1] Les trois autres objectifs français sont : Développement des TIC ; Environnement, prévention des risques et politiques énergétiques ; Développement durable sur l'ensemble du territoire.

des stratégies communes de structuration territoriale et de développement durable » semble reprendre une part de l'objectif premier espagnol « rendre l'Espagne plus attrayante pour ses habitants » dans une logique de développement durable fortement soulignée par la France dans son CRSN. Il convient également de noter que ces trois axes s'intègrent pleinement dans les stratégies de Lisbonne et de Göteborg.

Dès lors, il est évident désormais que les institutions européennes définissent bel et bien un cadre d'actions pour la coopération territoriale ; ce cadre est néanmoins suffisamment large pour d'une part répondre aux stratégies nationales de développement territorial et d'autre part, pour permettre aux programmes opérationnels de coopération territoriale de prendre en compte les spécificités de la zone de coopération.

2 - La transnationalité du programme SUDOE et la logique communautaire des macro-régions

Nous l'avons vu, dans la décennie 1980, le programme Interreg insuffle une dynamique nouvelle en Europe, celle de la coopération formalisée entre entités territoriales européennes. Dans sa deuxième génération, un volet transnational émerge et suscite de nouvelles coopérations. On parle alors d'eurorégions qui se constituent autour de la frontière, ancienne ligne de démarcation entre États membres, constituant désormais le socle d'une nouvelle perception territoriale transcendant les espaces nationaux. Selon, Richard Balme, la coopération territoriale est « l'un des secteurs les plus novateurs de la palette des compétences régionales ». Se créent ainsi les eurorégions dont « les enjeux sont aussi diversifiés que les contextes politiques dans lesquels elles s'inscrivent » ; parmi elles, l'Eurorégion transpyrénéenne (regroupant la Catalogne, Midi-Pyrénées et Languedoc-Roussillon, et prémices de l'Eurorégion Pyrénées-Méditerranée) et la diagonale continentale (Conférence des régions européennes de la diagonale continentale ou CREDC). Elle regroupe en 1997, Midi-Pyrénées, Limousin, Aragon, Estrémadure qui identifient des problèmes et des handicaps géophysiques qui leur sont communs. Or ces handicaps concernent un axe partant du Jura et allant jusqu'à l'Alentejo portugais, et forment un ensemble transnational s'étendant sur trois États. Cet espace bénéficie alors de son propre programme de coopération *SUDOE-diagonale continentale* qui a pour but de faire exister ces territoires en périphérie de la banane bleue et de montrer une certaine potentialité. L'idée concerne donc plus largement l'Auvergne, la Bourgogne et la Franche-Comté en France, l'intégralité de la péninsule ibérique (y compris les îles espagnoles et portugaises ainsi que les enclaves espagnoles au Maroc et le territoire britannique de Gibraltar). Mais cette idée est soutenue non pas par les régions ou collectivités locales mais par les États ; c'est pourquoi l'Eurorégion franco-espagnole continentale ou Eurorégion Pyrénées-Méditerranée a vu le jour, afin d'exister dans un ensemble transnational qu'elles ont impulsé[1]. Ces espaces de coopération transnationaux s'intègrent dans une volonté européenne de promouvoir les macro-régions. Ces macro-régions dont le premier spécimen regroupe les territoires touchés par la Mer Baltique, bénéficient non plus de programmes mais de stratégies[2], plus englobantes, afin de coordonner l'ensemble des politiques publiques portant sur un espace géographique aux caractéristiques communes, visant à préserver une ressource pour l'ensemble de la population européenne. Au cours de la prochaine génération de fonds structurels, les macro-régions pourraient se développer, notamment en englobant la frontière franco-espagnole, qui fait déjà partie d'un programme transnational, et de deux autres espaces transnationaux reconnus par l'Union : l'Arc-Atlantique et la Méditerranée.

L'espace SUDOE bénéficie d'un programme opérationnel permettant l'octroi de fonds structurels FEDER. Ce programme est élaboré sans une réelle implication des collectivités locales trop nombreuses dans un espace aussi élargi, par quatre États : la France, l'Espagne, le Portugal et le Royaume-Uni. Ces quatre États ont ainsi défini quatre axes prioritaires pour ce programme

[1] Voir *infra* Le nouvel outil à la mode de la coopération transfrontalière : le GECT.

[2] Décision du Conseil européen de décembre 2007 de lancer une stratégie pour la Mer Baltique.

qui sont l'innovation, la protection de l'environnement, l'amélioration de l'accessibilité et le développement urbain durable ; ils disposent d'un budget de 132 millions d'euros. Ces thèmes sont très larges et peuvent permettre de nombreuses actions de coopération. Néanmoins, il s'agit d'une coopération engagée par les États membres et non les collectivités bien que celles-ci soient partenaires, ce qui suppose des projets d'envergure nationale et européenne. A ce propos, l'exemple de la Traversée Centrale des Pyrénées (TCP) est intéressant. L'accessibilité dans les Pyrénées centrales fait partie des domaines dans lesquels la coopération transnationale s'est avérée insuffisante[1]. Or pourquoi n'est-ce pas un sujet traité par la coopération transfrontalière de proximité, première à souffrir de la barrière physique que représentent les Pyrénées ? Selon Jean-Michel Blanc, la question s'est très tôt posée entre autorités locales transfrontalières, dès les années 1980. Or, la TCP engendre des problèmes liés à la perforation de la montagne et des travaux qui déplaisent aux populations locales. Dans toutes les Pyrénées, il est fréquent de voir écrit « TCP : les élus disent NON » ou bien encore « *No pasarán* », « Ils ne passeront pas », slogan populaire espagnol qui symbolise l'union du peuple espagnol contre le pouvoir arbitraire. Dès lors, ce projet ne peut être que difficilement porté par des autorités locales. Les Régions et Communautés Autonomes sont elles plus à même de défendre ce projet, notamment en mettant en avant l'importance du développement des échanges entre territoires de part et d'autre de la frontière. Les autorités régionales ont d'ailleurs fortement contribué à la validation du tracé de la TCP qui devrait suivre un axe Heches-Bielsa. Mais pourtant, la TCP n'est pas finançable par les programmes opérationnels de coopération transfrontalière. Cela s'explique par le fait que l'interconnexion des réseaux et la multi-modalité des transports sont une problématique européenne, voire transeuropéenne ; un problème « qui touche la zone transfrontalière mais qui ne lui rend pas service »[2]. De plus, la

---

[1] « Principaux atouts, faiblesses, opportunités et menaces de la coopération transnationale dans le cadre de l'initiative communautaire Interreg », *Programme opérationnel SUDOE*, version modifiée du 25/11/2008, p. 40-44.

[2] Propos de Jean-Marie BLANC, entretien réalisé en juillet 2011.

TCP est une infrastructure nationale, qui est de la compétence des États et qui implique l'Union par sa volonté de créer un réseau transeuropéen de transport (RTE-T), confirmée par la décision du Conseil des ministres de l'UE en 2003 qui a classé la TCP parmi les projets prioritaires et d'intérêt européen.

C'est donc bien la plus-value transnationale qui détermine si l'action relève du volet A ou du volet B, même si nous le verrons, dans d'autres secteurs cette répartition entre programmes n'est pas toujours évidente, en matière d'environnement notamment.

3 - France / Espagne : deux logiques de coopération plurirégionale

La France et l'Espagne sont toutes deux destinataires de fonds au titre de la coopération interrégionale communément appelée l'Interreg IV C. Mais nous verrons que l'implication des collectivités locales espagnoles est plus forte que celle des collectivités locales françaises en ce qui concerne le portage de projets interrégionaux à l'échelle européenne, alors que en ce qui concerne la coopération entre entités locales à une échelle nationale, la France a davantage développé cette pratique qui bénéficie elle aussi de financements européens.

Une interrégionalité présente à la frontière au titre de l'Interreg IV C

Les collectivités territoriales de la frontière franco-espagnole sont comme nous l'avons déjà dit, très présentes dans les réseaux européens ou transeuropéens de collectivités, répondant ainsi à l'objectif de coopération dite interrégionale. A défaut de temps suffisant pour étudier l'ensemble de ces participations, nous nous bornerons à étudier celles où les collectivités territoriales pyrénéennes sont chefs de file de réseaux destinataires de fonds FEDER au titre de ce que l'on nomme couramment l'Interreg IVC[1]. Nous avons pu recenser six

[1] Voir Annexe 4.

réseaux, disposant d'un budget de 1 à 5 millions d'euros, et bénéficiant d'un financement FEDER au titre de l'interrégionalité allant de 54 à 80 %. Chaque réseau répond à une des deux priorités d'Interreg IV C : « Innovation et économie de la connaissance » issue de la Stratégie de Lisbonne pour quatre projets[1] ; « Environnement et prévention des risques » issue de la Stratégie de Göteborg pour deux projets[2]. Chaque projet a une durée limitée allant de 3 à 4 ans, et s'achevant au plus tard à la fin de la période de programmation à savoir le 31 décembre 2012. Mais nous ne nous attarderons pas sur cette pratique car il convient de noter que ce ne sont pas des réseaux de proximité ; à l'exception du projet REVERSE porté par l'Aquitaine qui est alors partenaire du Pays Basque, les projets ne concernent pas une coopération entre collectivités locales pyrénéennes mais bien européennes voire transeuropéennes. Par ailleurs, seulement quatre des sept régions pyrénéennes sont chefs de file de réseaux finançables au titre de l'Interreg IV C ; Midi-Pyrénées, Languedoc-Roussillon et le Pays-Basque ne sont donc pas concernés directement par la coopération dite interrégionale. Aussi cette forme de coopération territoriale est présente à la frontière pyrénéenne mais ne participe pas au renforcement de la coopération locale de part et d'autre de cette frontière.

Une autre forme d'interrégionalité non plus européenne mais nationale et toujours soutenue par l'Union

Néanmoins, en France et en Espagne, les fonds FEDER financent également des programmes dits plurirégionaux ou des axes plurirégionaux intégrés dans les PO FEDER traditionnels. Il s'agit là d'une autre forme de coopération interrégionale qui n'est non plus plurinationale mais au sein d'un même État. Il semble opportun d'en étudier les aspects puisqu'elle participe à la coopération entre régions pyrénéennes, d'autant plus que la

[1] Les quatre projets sont : EURIS, I4W, EuroProc et Smart +.

[2] Les deux projets sont : PADIMA et REVERSE.

plurirégionalité française est dirigée exclusivement vers le massif pyrénéen.

En France, la plurirégionalité est l'aboutissement d'une pratique issue de la politique de massif, impulsée par la loi du 9 janvier 1985 relative au développement et à la protection de la montagne (dite « loi montagne ») qui a pour vocation d'encourager un « développement global durable, permettant un équilibre entre le développement économique (favorisant le maintien et le développement des activités) et la protection des espaces naturels »[1] pour les massifs. Suite à cette loi, sont créés des commissariats de massif ; pour les Pyrénées, il dépend de la Préfecture de région Midi-Pyrénées, dont le Préfet est coordonnateur de massif. Il a pour rôle de coordonner l'ensemble des actions publiques en direction du massif, et à ce titre, une Convention interrégionale de massif est signée entre l'État et les régions concernées (Aquitaine, Midi-Pyrénées, Languedoc-Roussillon), un schéma de massif est élaboré, et cette coopératopn bénéficie de fonds nationaux, régionaux et européens au titre du FEDER. Cet axe interrégional ne bénéficie pas pour les Pyrénées d'un programme opérationnel indépendant mais est intégré au programme opérationnel FEDER de Midi-Pyrénées dans son axe 4 intitulé « Dynamiser le développement du massif des Pyrénées à travers une politique interrégionale équilibrée et durable ». Il s'agit là d'une autre forme de coopération territoriale à la frontière franco-espagnole n'intégrant pas une dynamique binationale. Mais toutefois, il est important de noter que l'interrégionalité française cible le massif, qui touche les régions espagnoles ; de plus, cet axe prévoit une articulation avec le POCTEFA notamment en termes de problématiques transfrontalières[2]. Se pose alors la question de l'intérêt de cet axe interrégional en plus du POCTEFA qui est largement tourné vers le massif, d'autant plus

---

1 http://www.diact.gouv.fr/fr_1/amenagement_du_territoire_44/montagne_331/politique_montagne_793.html

2 Tourisme durable transfrontalier ; valorisation des produits locaux transfrontaliers ; protection et valorisation du patrimoine naturel, prévention de risques et énergie dans un cadre transfrontalier ; développement économique (activités économiques, marché du travail…) ; accessibilité (transport et TIC).

que dans une étude sur la capitalisation des programmes pluri-régionaux, les acteurs de l'interrégionalité française ont « évoqué l'ambition de créer une nouvelle forme de coopération correspondant à la totalité du Massif des Pyrénées »[1].

Cette même étude répond à cette question. Cette forme de coopération interrégionale est spécifique à chaque pays qui « poursuit une démarche qui lui est propre ». En France, elle s'intègre dans un monopole étatique sur la politique de la montagne, qui peu à peu a adopté une démarche partenariale avec les autorités locales. Dans le cas de la frontière franco-espagnole, l'interrégionalité française a montré son intérêt concernant la mise en réseau d'acteurs pyrénéens, mise en réseau facilitée par une langue commune ; de plus, en cette période de crise économique, l'utilisation des fonds en matière de coopération transfrontalière s'est vue freinée par l'obligation de cofinancement national, difficile dès lors à trouver en Espagne[2]. Aussi, des projets normalement présentés au titre du POCTEFA ont été présentés auprès de l'axe interrégional de massif et ont ainsi pu recevoir des financements européens. L'interrégionalité française a donc un sens puisqu'elle est aux mains d'un seul acteur, l'État, qui légitime ainsi l'existence de ses commissariats de massif, et permet de dépasser certaines différences politico-administratives dont souffrent parfois la coopération transfrontalière. Toutefois, l'étude a révélé que l'approche partenariale entre autorités aux compétences diverses alourdit son fonctionnement. Dès lors, il convient de nuancer notre propos, l'interrégionalité pour le massif n'a de sens, tant que la coopération transfrontalière n'a pas un mode de fonctionnement optimal. De plus, il est certain que l'existence d'un tel axe réduit l'attrait des porteurs de projet français pour des actions transfrontalières en direction du massif. Il convient de supposer toutefois que si un projet à une vocation pleinement

---

[1] *Etude sur la capitalisation des programmes plurirégionaux et leurs perspectives dans le cadre de l'avenir de la politique de cohésion post 2013*, Etude réalisée par Via Regio sur commande de la DATAR, juin 2011.

[2] Information recueillie lors d'une réunion d'experts de la coopération organisée par la DATAR en mars 2011, et confirmée par des agents locaux directement impliqués dans la mise en œuvre du POCTEFA.

transfrontalière, il est redirigé vers le POCTEFA, d'autant plus que l'axe ne dispose que d'une enveloppe de 19 millions d'euros alors que le POCTEFA à un budget de plus de 168 millions d'euros. Par ailleurs, même si des porteurs de projets peuvent se retrouver éligibles à ces deux voies pour obtenir un financement européen, les projets bénéficiant d'un financement par l'axe interrégional s'intègrent dans une finalité pleinement montagnarde alors que le POCTEFA concerne une zone plus large comprenant le piémont pyrénéen et légèrement au-delà. Il semble donc important de maintenir cette approche interrégionale, héritière d'une pratique nationale spécifique à la France qui a mis en place une politique de montagne qui n'existe pas en Espagne. Il convient de voir l'axe interrégional comme un complément au POCTEFA pour des projets spécifiquement tournés vers la zone de montagne voire de haute montagne.

La coopération interrégionale espagnole existe également mais est dans une logique complètement différente. Il s'agit d'un Programme Opérationnel thématique de « Recherche, développement et innovation, par et pour les entreprises », géré exclusivement par l'État (Direction générale des Fonds communautaires du Ministère de l'Economie et des Finances) et dont les bénéficiaires ne peuvent être que des PME. Il dispose d'une dotation totale de 3,3 milliards d'euros dont les 2/3 sont des fonds FEDER mais pas au titre de l'objectif de coopération interrégionale. Il s'agit davantage d'un PO sectoriel national que d'un PO interrégional puisque les collectivités locales ne sont pas impliquées. En Espagne, conformément à l'article 145 de la Constitution, les « fédérations » entre Communautés autonomes sont d'ailleurs interdites. Pour la France et l'Espagne, nous sommes donc en présence de deux logiques complètement différentes, la logique française pouvant amener à créer des macro-régions nationales au niveau des bassins fluviaux et des massifs montagneux.

Chapitre 2 - Le nouvel outil à la mode de la coopération transfrontalière : le GECT

Le dernier volet de la coopération territoriale présent à la frontière franco-espagnole à savoir la coopération transfrontalière est le plus développé. Comme nous l'avons vu, il s'agit d'une pratique ancienne, qui s'est développée dans une coopération informelle de proximité, en dehors des États. Puis dans une double dynamique, les États français et espagnol d'une part, et les institutions européennes de l'autre ont encadré cette pratique dont le développement s'est poursuivi. Aujourd'hui, les structures de coopération transfrontalière entre entités locales sont extrêmement nombreuses[1]. Aussi nous nous pencherons plus particulièrement sur les structures qui ont vocation à se transformer ou qui ont d'ores-et-déjà pris la forme d'un Groupement Européen de Coopération Territoriale (GECT), dont nous allons étudier le fonctionnement et cibler les insuffisances.

1 - Le GECT, instrument juridique européen le plus abouti en matière de coopération

Le 1er août 2007, l'Union européenne crée un nouvel instrument juridique, au service de la coopération territoriale, et ce, à l'échelle européenne : le Groupement Européen de Coopération Territoriale (GECT)[2] qui a pour « objet de faciliter et de promouvoir (...) la coopération territoriale (...) dans le but exclusif de renforcer la cohésion économique et sociale »[3]. Ce règlement est le dernier texte en date qui consacre la coopération territoriale en Europe. Il instaure un cadre pour faciliter la coopération en dotant cette nouvelle structure de la

[1] Voir Annexe 5.

[2] Règlement (CE) n° 1082/2006 du Parlement européen et du Conseil du 5 juillet 2006 relatif à un groupement européen de coopération territoriale (GECT), entré en vigueur le 1er août 2007.

[3] Article 1.2 du Règlement n° 1082/2006.

personnalité juridique[1]. Mais la personnalité juridique en elle-même est novatrice, puisqu'elle tire son fondement à la fois du droit communautaire et d'éléments de droit national, au même titre que des instances telles que la Société coopérative européenne ou le Groupement européen d'intérêt économique. Il l'obtient le jour de sa publication au Journal officiel de l'État du siège, suivie d'une publication au Journal officiel de l'Union européenne[2]. Il a deux pouvoirs inédits pour une entité transfrontalière[3] : la pleine capacité pour la gestion déléguée de services publics dans le cadre de la mise en œuvre de projets de coopération et l'autorité pour la gestion des fonds structurels dans le cadre d'un programme opérationnel communautaire. La structure se caractérise par une personnalité juridique (de droit privé ou de droit public)[4] ; un champ de compétences étendu mais précis[5] répondant aux objectifs des fonds structurels ; une convention qui établit le fonctionnement de la structure[6] ; un devoir d'information à l'État-membre[7] ; un budget[8], un siège unique et des organes[9] (au moins une assemblée et un directeur).

Mais ce cadre juridique européen bien qu'étant un règlement directement applicable dans les États membres, suppose des dispositions en droit national[10]. Les conditions de sa mise en œuvre l'apparentent davantage à une directive qu'à un règlement puisque, y figurent de nombreuses références au droit national des membres. On parle volontiers de règlement imparfait. Son applicabilité directe ne remettrait-elle pas en cause la prohibition de l'article L. 1115-5 du CGCT (*interdiction de passer des conventions avec des États étrangers sauf dans le cas d'un GECT*) ? D'aucuns diraient que non puisque l'article 16 prévoit une autorisation préalable auprès de

---

[1] Article 1.3 du Règlement n° 1082/2006
[2] Articles 5.1 et 5.2 du Règlement n° 1082/2006
[3] Article 7 du Règlement n° 1082/2006
[4] Article 1.3 du Règlement n° 1082/2006
[5] Article 7.2 du Règlement n° 1082/2006
[6] Article 8.1 du Règlement n° 1082/2006
[7] Article 4 du Règlement n° 1082/2006
[8] Article 11.1 du Règlement n° 1082/2006
[9] Article 10 du Règlement n° 1082/2006
[10] Article 16 du Règlement n° 1082/2006

l'État du siège du GECT et que le règlement ne précise pas les modalités de cette autorisation préalable ce qui laisse un possible pouvoir discrétionnaire à chaque État. Par ailleurs, les articles 14 et 15 du Règlement n° 1082/2006 permettent aux États de maintenir un contrôle important sur ces structures ; les États disposent en effet d'une part d'un droit de suspension des activités du GECT au nom de l'intérêt public et d'autre part d'un droit de dissolution si le GECT ne respecte pas ses missions.

Aussi en France, la loi n°2008-352 du 16 avril 2008 affirme que la forme française du GECT est le syndicat mixte ouvert et impose une mise en conformité du CGCT[1] afin de « rénover les instruments de la coopération (...) décentralisée » ; dès lors, est intégrée au CGCT la possibilité pour une collectivité territoriale française d'adhérer et de participer au capital d'une personne morale étrangère. Enfin, est instaurée une dérogation à l'interdiction de passer des conventions avec des États étrangers, mais ce, uniquement dans le cadre des GECT.

Le GECT s'inscrit dans les acquis de la Convention de Madrid : les membres parlent d'une seule voix. Par ailleurs, la possibilité pour un État d'être membre d'un GECT au même titre qu'une collectivité territoriale représente une avancée certaine en matière de coopération territoriale européenne. Cette avancée permet de répondre à des attentes anciennes et locales comme l'intégration des micro-États dans les programmes de coopération. Ainsi, tandis que l'Andorre avait été exclue du consorcio CTP alors qu'elle était membre de l'association, elle peut désormais espérer intégrer une CTP devenue GECT sans amender le Traité de Bayonne. Néanmoins, cette avancée implique une certaine méfiance de la part des États qui ont toujours eu le monopole des relations avec des pays-tiers ; à ce titre, les États ont encadré cette pratique ; comme nous l'avons vu, en France, les collectivités ne peuvent conclure des accords

1 Rapport n° 238 de Madame Trondelle sur la proposition de loi visant à renforcer la coopération transfrontalière, transnationale et interrégionale par la mise en conformité du CGCT avec le règlement communautaire relatif à un groupement européen de coopération territoriale (GECT), 26 mars 2008.

de coopération avec d'autres États que dans la perspective de création d'un GECT.

Enfin, le GECT n'a pas vocation à régler tous les problèmes juridico-administratifs induits par une coopération. Il offre une reconnaissance européenne aux structures de coopération et leur permet d'être gestionnaires de fonds structurels. Les problèmes qui perdurent et qui doivent être réglés en concertation par les acteurs impliqués dans la coopération sont entre autres : le statut du personnel, le régime fiscal de la structure, la responsabilité des actes, ...Il est toutefois précisé que les règles de fonctionnement du GECT doivent être calqués sur une structure juridique nationale mais alors que résout-il ?

2 - Une multiplicité de GECT à la frontière franco-espagnole

Au sein de l'Union européenne, on compte en 2011 près de seize GECT qui ont été mis en place et une vingtaine de GECT qui sont en phase de création. La France témoigne d'un engouement pour cette structure puisque à ses frontières, neuf GECT ont été créés[1] et douze sont en création. Ceci peut s'expliquer par une volonté étatique de garder un droit de regard sur ces structures plurinationales, dès le moment où le siège est sur le territoire français. La frontière la plus active en matière de GECT est la frontière franco-espagnole avec un GECT de créer mais surtout six GECT en cours de création. Dès lors, nous pouvons nous demander quelles sont les raisons et quelle est l'utilité de toutes ces nouvelles structures.

Une couverture totale du territoire de la CTP par deux GECT : nécessité ou impertinence ?

Le 3 décembre 2006, le GECT Pyrénées-Méditerranée est créé par quatre régions françaises et espagnoles : les Iles

[1] Les GECT créés avec des membres français extraits du *Recueil des GECT* présenté par la MOT : Amphictyony, Eurodistrict Strasbourg-Ortenau, Eurométropole Lille-Kortrijk-Tournai, Eurorégion Pyrénées-Méditerranée, Hôpital de Cerdagne, Interreg-Programme Grande Région, Eurodistrict SaarMoselle, West Vlaanderen-Dunkerque-Côte d'Opale, Parc Marin international des Bouches de Bonifacio.

Baléares, la Catalogne, Midi-Pyrénées et Languedoc-Roussillon déjà partenaires au sein de l'Eurorégion Pyrénées-Méditerranée créée en octobre 2004. Cette coopération transfrontalière a pour but de « créer au nord-ouest de la Méditerranée un pôle de développement durable basé sur l'innovation et la cohésion sociale et territoriale »[1]. Le GECT est ainsi un outil juridique permettant à l'Eurorégion d'agir dans le portage de projets et à termes dans la gestion de fonds structurels. Par exemple, le GECT gère désormais seul et au nom de ses quatre régions partenaires un appel à projets dans le domaine de l'environnement « Tourisme et changement climatique 2011 », conformément au Plan Climat Eurorégional lancé le 23 février 2010, qui est financé par des fonds des quatre régions. Ce plan a pour but d'assurer une action coordonnée en matière de lutte contre les changements climatiques et l'appel à projets vise à promouvoir des initiatives originales en la matière.

Il s'agit d'une structure complète qui se superpose à celle déjà existante de l'Eurorégion. Aussi le GECT dispose d'une Assemblée permanente qui est l'organe politique de la structure, avec une Présidence tournante tous les 18 mois ; la Présidence du GECT est la même que celle de l'Eurorégion. Elle est soutenue par un Secrétariat général basé à Barcelone qui est en relation constante avec le Représentant du GECT à Bruxelles en charge des relations avec les institutions européennes. Le directeur est l'instance technique du GECT ; il dirige son activité, aidé par une équipe réduite de collaborateurs (quatre personnes). Ils sont établis à Toulouse. En plus de ces organes du GECT, il existe des organes spécifiques pour l'Eurorégion qui dispose d'une présidence tournante, d'un G4 formé des représentants politiques des Régions membres, d'un groupe de coordination avec des représentants techniques des Régions membres, et d'un Secrétariat général. Il convient donc de s'interroger sur l'utilité de tous ces organes. Suite aux différents entretiens effectués, il est clair que ce système est à l'origine d'une certaine lenteur administrative. Or, la coopération transfrontalière a pour but de mener des actions communes en

[1] Préambule des statuts du GECT Pyrénées-Méditerranée.

dépassant les difficultés politico-administratives induites par les différences nationales et le GECT, lui, est créé afin de faciliter la coopération. Aussi, afin de respecter les objectifs de création, il serait préférable dans un premier temps de tendre vers une fusion de ces structures avec une disparition du G4 qui n'a plus d'utilité puisque le directeur du GECT est en lien direct avec les chefs des exécutifs régionaux, et ce dans un souci d'efficacité de l'action publique transfrontalière.

Par ailleurs, à l'ouest de la chaîne pyrénéenne, l'Aquitaine et le Pays-Basque ont en projet de créer également un GECT, qui sera nommé Aquitaine-Euskadi, et qui est l'aboutissement organique de l'Eurorégion Aquitaine-Euskadi, créée en 2009. Ce GECT est né de la volonté de « conforter et d'amplifier une coopération ancienne qui a plus de quinze ans sur des sujets multiples »[1]. Cette coopération prend jusqu'alors la forme d'un fonds commun Aquitaine-Euskadi, dont la capacité serait accrue par les fonds structurels. Ce GECT dont les statuts seront adoptés fin 2011 prévoit dès à présent de proposer à la Navarre d'être membre[2]. Cette invitation est héritière d'une autre coopération bilatérale entre l'Aquitaine et la Navarre dans un fonds commun et d'une proximité culturelle et politique datant de plusieurs siècles entre le Pays Basque et la Navarre. De plus, il existe déjà une coopération entre ces trois régions qui ont créé un réseau d'universités. En 2009, la Navarre s'est dite « pas encore prête » pour le GECT mais en juin 2011, un nouvel exécutif a été élu, ce qui pourrait accélérer l'intégration de la Communauté autonome au GECT. Dès lors, seul l'Aragon ne serait pas membre d'un GECT. Suite à un conflit politique que nous étudierons plus tard, l'Aragon s'est retiré de l'Eurorégion Pyrénées-Méditerranée. Pourrait-il rejoindre le GECT Aquitaine-Euskadi ? Jean-Marie Blanc y serait favorable à moyen terme mais c'est une question qui semble demander beaucoup de réflexions car il n'y aurait pas de continuité des territoires et des activités telle qu'elle existe entre la Navarre et le Pays-Basque.

---

[1] Propos de Jean-Marie BLANC, entretien réalisé en juillet 2011.

[2] Information de François Maïtia, rencontré en septembre 2010.

Dès lors, si à terme, l'intégralité du territoire pyrénéen est couverte par deux GECT que nous pouvons qualifier de gouvernance (puisqu'ils prévoient une politique globale et non sectorielle de développement du territoire), quelle est la pertinence du maintien de la CTP ? Selon Claude Marcory, le problème ne doit pas se poser puisque la CTP est désormais gestionnaire d'un programme opérationnel ce qui n'est pas le cas des GECT. Or, dans les statuts du GECT Pyrénées-Méditerranée[1], dont se sont inspirés les rédacteurs des statuts du GECT Aquitaine-Euskadi[2], il est prévu que ces structures deviennent gestionnaires de fonds structurels dans le cadre d'un programme opérationnel de gouvernance. Quid de la légitimité de la CTP ? Au fil des entretiens, il ressort que la CTP n'a plus de raison d'être si les deux GECT deviennent gestionnaires de fonds. Toutefois, sa légitimité résiderait alors dans le lien politique qu'elle pourrait être entre les deux GECT. De plus, son expertise dans la gestion des fonds structurels justifierait davantage sa transformation en un GECT qui fusionnerait les deux autres que sa disparition. Cette idée est aussi celle du Président de région Martin Malvy qui désire cette transformation en un GECT, sans fusion pour l'instant. Elle est confortée par une étude menée en juin 2010 par des étudiants de l'IEP de Toulouse[3]. Ils préconisent la transformation de la CTP en un GECT afin d'accroître son budget (grâce à une capacité d'emprunt par exemple) d'une part et de développer sa démarche partenariale, d'autre part. En effet, les étudiants ont mis en avant le fait que la CTP souffrait d'un manque de notoriété au niveau local et de visibilité auprès des institutions nationales et européennes, ce qui se règlerait dans un GECT dont « les membres peuvent être variés : parcs nationaux, universités, chambres de commerce et d'industrie ». Aussi, la « capacité d'action de la CTP serait décuplée » d'une part, et

---

[1] Article 5 des statuts du GECT Pyrénées-Méditerranée : « le GECT a pour mission de (...) recevoir, gérer les financements communautaires et étatiques, en vue de réaliser ses missions. »

[2] Information de Jean-Marie BLANC, entretien réalisé en juillet 2011.

[3] Etude intitulée 'Proposer des actions pour renforcer la reconnaissance du territoire pyrénéen en direction des instances européennes', commandée par le Commissariat de massif des Pyrénées auprès des étudiants de l'IEP de Toulouse, 4A Europe et Territoires, 2009-2010.

d'autre part un GECT permettrait d'envoyer « un signal fort à l'attention de Bruxelles. »

Aussi, la pertinence d'une CTP en plus de deux GECT, auxquels sont inévitablement rattachés de nombreux organes de fonctionnement de la coopération, ne se pose pas pour l'instant malgré l'image de complexité renvoyée par ce système ; il conviendrait toutefois de reposer le problème à la fin de la programmation 2014-2020.

La pertinence de nombreux GECT fonctionnels se confrontant aux insuffisances du règlement communautaire

Nous venons de nous interroger sur la pertinence d'une multiplicité de GECT de gouvernance à la frontière en plus d'une coopération transfrontalière ancienne dans la CTP. Qu'en est-il pour les six autres GECT créés ou en création[1] à la frontière franco-espagnole qui eux ont une vocation spécifique et non globalisante ? La réponse à cette question semble faire consensus. Lors d'une réunion des « praticiens du GECT » en janvier 2011, les participants ont été unanimes sur le fait qu'une coopération est toujours bénéfique, aussi dès le moment où le GECT a une mission très spécifique partagée par aucune autre structure de coopération à la frontière, son existence ne doit pas être remise en cause.

Néanmoins, il convient de se demander si le GECT est l'outil le plus approprié pour ces coopérations qui « oublient de considérer le GECT comme un outil en le voyant parfois comme une fin »[2]. Au cours des entretiens avec Philippe Mestre notamment, les insuffisances de l'outil GECT sont apparues. Dans son règlement, il n'a pas vocation à régler tous les problèmes juridico-administratifs inhérents à une coopération

[1] Les six GECT fonctionnels à la frontière franco-espagnole sont : Hôpital Cerdagne-Capcir ; Espace Pourtalet ; Eurodistrict de l'espace catalan transfrontalier ; Pyreneus-Cerdanya ; PRES Perpignan-Méditerranée ; Pays d'art et d'histoire transfrontalier des vallées catalanes du Tech et du Ter.
[2] Propos tenus par un fonctionnaire européen.

plurinationale mais il a souvent été vu comme un « outil-miracle », alors qu'il présente quelques lourdeurs de fonctionnement du fait de l'application d'un seul droit, le droit du siège.

La création de l'hôpital transfrontalier à Puigcerda qui a engendré la création du GECT Cerdagne-Capcir semble réunir l'ensemble des difficultés expérimentées par d'autres GECT[1]. L'écriture des statuts du GECT a d'abord représenté une difficulté, notamment du fait des différents champs de compétences des partenaires. Concernant l'assistance sanitaire, il s'agit en France d'une compétence du pouvoir central qui est déléguée à l'Agence régionale d'hospitalisation ; en Espagne, c'est une compétence exclusive des Communautés autonomes. Mais en matière de facturation des soins aux malades, en Espagne, il s'agit d'une compétence partagée, notamment entre le ministère de la santé et de la consommation au niveau central et au niveau régional le département de la santé de la Generalitat de Catalunya. Ces différences ont imposé la rédaction d'une convention hospitalière pour la prise en charge des urgences entre l'hôpital de Perpignan et celui de Puigcerda en 2001, puis d'une convention de tiers-payant en 2003, suivie la même année d'une étude de faisabilité pour la création d'un hôpital dans le cadre d'une Eurorégion, financée par des fonds Interreg III A. En 2007, est créée une Fondation privée de droit catalan pour gérer l'ensemble du projet avec participation des administrations nationales françaises. En plus de ces différents accords entre l'État français et la Generalitat de Catalunya en amont de la rédaction des statuts, s'est posée la question de l'intégration des collectivités locales dans ce GECT qui ont été impliquées jusqu'alors dans le projet. Celles-ci n'ayant pas de réelles compétences en matière hospitalière, elles n'ont pas pu être intégrées en tant que membres du GECT mais siègent dans un conseil consultatif. En ce sens, le GECT pose une limite. Par ailleurs, l'obligation de rédiger les statuts et de mener l'ensemble des travaux dans plusieurs langues a représenté un

[1] Difficultés présentées par Catherine Barnole, Inspectrice à l'Agence régionale de Santé de Languedoc-Roussillon, lors du *Séminaire des praticiens des GECT*, janvier 2011.

frein à la création du GECT. Il semblerait ainsi opportun pour ces instances de pouvoir bénéficier de fonds européens d'assistance technique mais cela n'est pour l'instant possible que dans le cadre d'un programme opérationnel. C'est donc aux membres de financer cette dépense.

Une fois les statuts rédigés, une autre difficulté vient des délais d'instruction. Ils sont de trois mois en France, et de la responsabilité de la Préfecture de région. Or, il s'est avéré que ce délai n'est respecté uniquement pour les GECT dans lequel l'État est partenaire. On ne peut donc que regretter la lenteur d'acculturation des services de l'État en la matière. Ceci pose une limite dans la facilité apparente de mise en œuvre d'un GECT, facilité qui a suscité un tel engouement en France.

Le statut du personnel est un autre problème et a été signalé à plusieurs reprises par les gestionnaires des GECT à la Direction Général des Collectivités Locales (DGCL)[1]. Les gestionnaires se plaignent de l'absence de statut européen pour le personnel des GECT dont bénéficient par exemple les employés des agences européennes. Pour l'instant, le GECT applique le statut défini par le droit du lieu d'exercice des activités du personnel. Mais que faire si les activités sont partagées sur deux territoires nationaux, ce qui est largement le cas dans les Eurorégions ? Philippe Mestre évoque un casse-tête juridique sur cette question, et qui en engendre d'autres comme l'affiliation aux régimes obligatoires et de retraites ; il appelle à la prudence. Pour l'Hôpital, le choix a été celui de faire travailler ensemble des personnels issus de deux régimes différents ce qui peut susciter des tensions et ainsi biaiser le projet de coopération.

Enfin, concernant les GECT dont le siège se situe en France, se pose un autre problème provenant des principes nationaux de comptabilité tel que soulevé par Philippe Mestre : « Un trésorier payeur général peut-il payer des dépenses réalisées à l'étranger sur présentation de factures dans une autre langue que le

---

[1] Problème révélé par Bruno Delsol, adjoint au directeur général de la DGCL lors du *Séminaire des praticiens des GECT*, janvier 2011.

français ? ». Cette question n'est évidemment pas tranchée par le règlement européen instituant le GECT. Mais, on ne peut que regretter que les mesures françaises d'application de ce règlement n'abordent pas cette question et que les institutions européennes ne se saisissent pas de ce problème.

Faire le choix de créer un GECT semble donc impliquer de se poser de nombreuses questions en amont, et notamment de la pertinence de cette structure nouvelle que l'on connaît peu et dont nous n'avons qu'aborder les insuffisances qui sont encore nombreuses et qui concernent le budget, la TVA, la procédure de décision …

3- Une thématique commune à plusieurs instances et la remise en cause de leur multiplicité

Nous venons de voir que la création d'un GECT est à étudier avec soin mais que la multiplicité de GECT fonctionnels n'est pas à remettre en cause dès le moment où la mission leur est spécifique. Or, à la frontière franco-espagnole, nombre de GECT et d'instances de coopération mènent des actions multiples en matière d'enseignement supérieur et d'échanges universitaires notamment. Aussi nous nous interrogerons sur la pertinence d'une telle pratique.

Les échanges universitaires dans l'Union européenne portés par le programme Erasmus sont l'un des succès de la construction européenne. Dans un sondage sur le sentiment européen chez les Français[1], le thème 'Education-Etudes-Erasmus' est l'une des réponses ouvertes et spontanées à la question « Qu'est-ce qui vous vient à l'esprit quand vous pensez à l'Europe ? ». De plus, dans ce même sondage, parmi les thèmes où les Français souhaiteraient que l'Union intervienne davantage, l'éducation et l'enseignement supérieur arrivent en sixième position. Cette réalité est à l'origine d'une double dynamique transfrontalière : l'idée de mettre en place des

---

[1] Présentation des résultats du sondage Fondapol sur le sentiment européen des Français 'Aimez-vous l'Europe ?' à Paris, le 9 mai 2011.

échanges universitaires de proximité et la volonté de différencier cette expérience locale d'une mobilité dite Erasmus. Cette volonté de différenciation est surtout une nécessité. Dans un sondage mené par les étudiants de l'IEP de Toulouse[1] auprès d'autres étudiants en grande majorité français, 52 % des personnes interrogées préfèrent partir dans un pays anglophone pour effectuer leur mobilité universitaire, 20 % dans un pays hispanophone parmi lesquels seulement 28 % désirent partir en Espagne, soit seulement 8 % des personnes interrogées désirent franchir la frontière. Dès lors, des accords de coopération transfrontalière ont été et vont être mis en place pour attirer les étudiants dans une mobilité de proximité.

L'Aquitaine et le Pays Basque ont été ainsi les premiers à mettre en place des bourses à la mobilité pour les étudiants effectuant une mobilité dans la région voisine, qui se superposent aux bourses Erasmus. Ils ont été rejoints par la Navarre en formant un réseau AEN (Aquitaine-Euskadi-Navarre) d'universités partenaires[2] dans les années 1990 afin de « favoriser les collaborations et construire un espace transfrontalier de l'enseignement supérieur et de la recherche sur l'espace régional Aquitaine-Euskadi-Navarre »[3]. Ces trois régions ainsi que les présidents des universités membres du réseau ont alors signé des accords d'échanges d'étudiants, créant ce dispositif qui est intégré dans un programme régional géré par l'Aquitaine sous le nom d'AquiMob. De plus, ce réseau a mis en place des doubles-diplômes franco-espagnols[4] qui imposent à un étudiant de passer plusieurs semestres de l'autre

---

[1] Etude menée par les étudiants de l'IEP de Toulouse, master 'Europe & Territoires', 5ème année, 2010-2011, sur commande du Conseil régional Midi-Pyrénées : « Eurocampus numérique, communication et partenariats sciences/industries. »

[2] Ce réseau réunit sept universités situées de part et d'autre de la frontière pyrénéenne et est piloté par un comité de liaison interuniversitaire: en Aquitaine, université de Bordeaux et université de Pau et des Pays de l'Adour ; au Pays-Basque, université du Pays Basque, université de Mondragon, université de Deusto ; en Navarre, université publique de Navarre et université de Navarre.

[3] Information recueillie lors du Séminaire sur la coopération transfrontalière à Huesca en septembre 2010.

[4] Par exemple, le master européen en *Science marin environment and ressources* entre l'Université de Bordeaux 1 et l'Université du Pays Basque à Bilbao.

côté de la frontière en dehors du cadre d'Erasmus. Ce programme devrait être transféré au GECT Aquitaine-Euskadi[1].

Par ailleurs, un autre accord de coopération entre quatre universités transfrontalières de l'ouest des Pyrénées permet à un étudiant d'obtenir un double-diplôme et d'effectuer une mobilité transfrontalière en plus d'une mobilité Erasmus en recevant une bourse de 400 euros par mois. Il s'agit d'un programme d'échanges entre l'Université de Pau et des Pays de l'Adour (Aquitaine), l'Université publique de Navarre, l'Université du Pays basque et l'Université de Saragosse (Aragon). Ce programme est l'aboutissement d'un accord entre les quatre universités et la communauté d'agglomération de Pau qui ont créé et qui financent l'« UPPass transfrontalier ». Voici donc deux dispositifs qui se superposent à l'ouest des Pyrénées mais qui ne semblent pas en concurrence puisqu'un étudiant bénéficiant de l'UPPass n'est pas éligible aux bourses au titre d'AquiMob. Aussi le seul point négatif à ce double dispositif est le manque de visibilité pour les étudiants.

Dans la partie est du massif, les coopérations universitaires transfrontalières sont également en développement. Aussi le GECT Pyrénées-Méditerranée a lancé en juin 2009 un Eurocampus Pyrénées-Méditerranée qui réunit 47 établissements d'enseignement supérieur sur le territoire de l'Eurorégion. L'une des actions menées par cet eurocampus est le « Chèque Eurocampus » d'une valeur de 450 à 600 euros pour l'année universitaire et cumulable avec les bourses Erasmus. Cette somme est attribuée par les Conseils régionaux ou Communautés autonomes aux universités d'origine qui redistribuent la somme aux étudiants ou directement aux étudiants. Pour une meilleure visibilité, le GECT Pyrénées-Méditerranée devrait gérer le chèque ; jusqu'à présent, il anime déjà le site Internet de l'Eurocampus. Par ailleurs, lors de la Conférence des Présidents et Recteurs des établissements supérieurs de l'Eurorégion, a été validée l'idée de développer et

---

[1] Point 4 de la *Déclaration commune du Président du Conseil régional d'Aquitaine, Alain Rousset et du Lehendakari de Euskadi, Patxi Lopez*, Bordeaux, 30 novembre 2009.

financer les cotutelles de thèse internationales notamment entre l'Université fédérale de Toulouse, le Réseau catalan Xarxa Vives d'universitats et le PRES de Montpellier, et ce en vue de créer un pôle de recherche eurorégional[1]. Or, suivant la même dynamique, le GECT PRES Perpignan-Méditerranée ou Pyrénées-Méditerranée est en création, suite à une convention de collaboration signée le 22 mars 2010 à Gérone. Ce PRES associe l'Université de Perpignan Via Domitia, l'Université catalane de Gérone, l'Université Pierre et Marie Curie de Paris-VI via son Observatoire océanique de Banyuls et les Universités des Iles Baléares et de Lleida en Catalogne et a pour objectif de « constituer dans le territoire catalan un pôle de recherche et d'enseignement supérieur fort et lisible ». Aussi il y aurait un PRES transfrontalier catalan au sein d'un PRES Eurorégional Pyrénées-Méditerranéen ? Il semble que les responsables de ces deux futures instances prévoient en effet de mener à bien leur projet. Par ailleurs, aucune collaboration entre les deux PRES ne devrait être formalisée dans un premier temps[2]. Cette superposition de projets de GECT aux fonctions partagées pose ainsi le problème du manque de coordination et de communication entre les structures. L'instrument GECT montre dès lors une nouvelle insuffisance ; celle de l'absence d'un contrôle européen ou national d'opportunité, sur la pertinence de la multiplication de structures dès lors qu'elles ont des finalités identiques.

D'autre part, dans un souci d'efficience et de subsidiarité, sur l'ensemble de la chaîne pyrénéenne, les dispositifs pour favoriser les échanges universitaires ne pourraient-ils pas être aux mains d'une seule et même instance ? Cela permettrait une meilleure visibilité d'une part, et d'autre part cela augmenterait l'attrait pour une mobilité toujours de proximité mais dans un espace plus large. Sur cette thématique, il est clair que la CTP serait la structure la plus pertinente mais elle n'en a pas

---

[1] Ce projet n'est encore qu'à l'état hybride puisqu'il reviendrait au GECT de gérer la mise en place de cotutelles et de doubles diplômes alors qu'il n'en a pas les moyens financiers et humains.

[2] Informations recueillies informellement par des acteurs impliqués dans ces deux GECT qui parlent même de concurrence entre les deux structures.

l'autorité, et aucune volonté politique ne va en ce sens. Les régions font figure parfois de « mini-Europe »[1] où chacun est d'accord pour coopérer avec l'autre mais reste cependant attaché à sa compétence et apparaît ainsi très frileux à mettre en œuvre une coopération fortement partenariale. En cela, la coopération territoriale présente des limites qui ne sont pas que juridiques ou administratives, mais aussi politiques.

[1] Expression d'un agent local.

Chapitre 3 - La multiplicité d'instances porteuse d'une double dynamique : les difficultés de consensus et la volonté constante de coopération

Nous venons de souligner certains problèmes inhérents à la coopération notamment le manque d'un encadrement législatif permettant de surmonter les différences politico-administratives nationales. Mais après avoir souligné les freins exogènes à la coopération, il reste à mettre en lumière ses limites endogènes.

1 - Les conflits politiques et la crise Aragon-Catalogne matérialisée dans l'euro-région Pyrénées-Méditerranée

Parmi les limites endogènes à la coopération, nous trouvons les conflits politiques et les difficultés de consensus entre membres d'une même structure de coopération, qui se trouvent parfois exacerbés par les changements de couleur politique des exécutifs régionaux.

Une coopération semble être un reflet au local de la construction européenne. Toute structure de coopération fonctionne en alliant une part de suprarégionalité, au sens où les régions transfèrent des fonds et une compétence très encadrée à une structure nouvelle, et une part d'intergouvernementalisme puisque les chefs des exécutifs locaux sont chargés de définir les grandes lignes d'une politique commune. Or, aujourd'hui, il est communément admis qu'il est plus difficile de « se mettre d'accord à 27 qu'à 6 » en référence au fonctionnement actuel de l'Union européenne en comparaison de celui des Communautés européennes dans les années 1960. Au niveau européen, les domaines du vote à majorité qualifiée ont été étendus avec le temps ; mais au niveau de la coopération transfrontalière franco-espagnole, l'unanimité est encore la règle.

Pour mettre en place des actions de coopération, il doit y avoir consensus entre les membres. Aussi, à l'instar du Conseil européen, certains organismes transfrontaliers ont mis en place des organes décisionnels porteurs de cette obligation de consensus ; le G4 de l'Eurorégion Pyrénées-Méditerranée en est un des exemples. Cette réunion de représentants politiques des quatre régions membres est l'organe en charge des discussions pour trouver un consensus politique, en amont des réunions de l'Assemblée générale, vitrine de l'entente entre les régions. Mais les conflits politiques sont parfois profonds et freinent dans une certaine mesure les actions de coopération. Nous étudierons deux exemples qui ont été évoqués à plusieurs reprises par les acteurs de la coopération transfrontalière franco-espagnole. Le premier est l'animosité ancienne qui existe entre la Communauté autonome d'Aragon et la Generalitat de Catalunya. L'Eurorégion Pyrénées-Méditerranée est une idée du président catalan Maragall, soutenue notamment par le président Malvy en Midi-Pyrénées puis par les représentants des Iles Baléares, de Languedoc-Roussillon et de l'Aragon en la personne de Marcelino Iglesias. Mais, la participation aragonaise à l'Eurorégion d'impulsion catalane s'est heurtée à une motion du Parlement catalan refusant pour la énième fois[1] de rendre à l'Aragon des œuvres d'art dites sacrées, conservées à Lérida depuis le 19ème siècle et qui appartiendraient au diocèse de Barbastro. Ce conflit politico-religieux est largement perceptible dans les relations entre les deux voisins espagnols et est à l'origine d'un anticatalanisme aragonais. Ainsi, en 2006, suite à la motion du Parlement catalan, une exposition avec quelques unes de ces œuvres, organisée par le musée de Lérida, est perçue en Aragon comme une provocation. Si bien que le 21 mai 2006, Marcelino Iglesias fait voter auprès de son Parlement une suspension de la participation aragonaise dans l'Eurorégion. Ce problème est si important que le 19 août 2011, le gouvernement espagnol a demandé au Pape en visite à Madrid pour les Journées mondiales de la jeunesse d'engager un

[1] La première demande officielle de restitution date du 17 septembre 1995.

dialogue entre les diocèses de Lérida et Barbastro[1], au moment où des actions en justice ont été engagées par le gouvernement aragonais contre le gouvernement catalan, la *diputación provincial* et la commune de Lérida. Ce conflit politique est donc à l'origine de l'exclusion volontaire de l'Aragon de l'Eurorégion Pyrénées-Méditerranée mais aussi de l'isolement de la Communauté autonome sur la scène de la coopération transfrontalière qui mériterait d'être étudié au regard de l'analyse des espaces politiques locaux et de la sociologie des conflits.

Le deuxième exemple de conflits politiques émane du système de présidence tournante d'une instance plurirégionale. Chaque présidence désire laisser « sa marque » dans la structure[2]. Elle cherche à retirer d'une part, une notoriété locale dans son action transfrontalière largement relayée par les médias locaux mais aussi à accroître sa légitimité vis-à-vis des instances européennes et surtout nationales. Ce dernier point se confirme dans les propos du Catalan Jordi Pujol en 1996 pour qui « l'Europe des régions est une façon de rééquilibrer la construction européenne en lui donnant une base très large » et du Basque Francis Jauréguiberry en 1995 qui disait que « souveraineté du Pays Basque et unité de l'Europe vont de pair » et qui qualifiait les autonomistes basques de « défenseurs d'une Europe fédérale dans laquelle les régions seront à la fois autonomes et solidaires, et les États anachroniques ». En France, les discours sont moins indépendantistes mais soulignent toutefois l'opportunité politique offerte par l'Europe aux régions qui sont, selon Jean-Louis Guigou, Jean-Pierre Chevènement et Dominique Voynet en 1998, « l'échelon administratif le plus récent du système français [mais] aussi le plus moderne et le plus pertinent à l'échelle européenne »[3]. C'est dans la

[1] Le 13 mai 2008, la Cour du Vatican affirmait que la propriété de ces biens revenait au diocèse de Barbastro ; le 28 février 1999, le ministère des affaires étrangères du Vatican exige la restitution des biens.

[2] Propos tenus par un agent local.

[3] Propos de J. Pujol, F. Jauréguiberry, J-L Guigou, J-P Chevènement et D. Voynet recueillis par Jean-Louis Andréani, in Jacques Palard, « Vers l'Europe des régions », *Problèmes politiques et sociaux, Dossiers d'actualité mondiale*, La Documentation française, n° 806, 1998.

présidence tournante de la CTP que cette tension politique est la plus perceptible. Chaque Président a deux ans pour laisser son empreinte sur la structure mais il doit trouver un équilibre politique entre sa volonté d'agir et les réticences des autres chefs de l'exécutif face à des actions trop positives et médiatisées. La passation de présidence est souvent le moment opportun pour tester les idées de projets à mettre en œuvre comme l'a fait en 2009 Martin Malvy avec l'annonce de l'année des Pyrénées. Ce moment est celui également où la présidence sortante met en avant son bilan autour d'une ou plusieurs actions phares ; en 2002, la présidence aragonaise a travaillé à l'amélioration des moyens télématiques pour « consolider l'image institutionnelle de la CTP 'de façon externe' dans une société globale de l'information »[1] ; en 2005, la présidence catalane met l'accent sur la création du consorcio avec une personnalité morale, illustrant le fait que désormais « la CTP a atteint sa majorité à 22 ans, c'est à dire l'intégralité de ses droits civiques »[2]. Se manifeste alors toute l'utilisation d'un vocabulaire politique spécifique associant des principes et des termes largement partagés tels que « Europe des régions, bonne entente, coopération fructueuse, bilan positif, remerciements … » intégrés dans un cérémonial qui font de la coopération un ensemble de codes, de pratiques et de sens, une réelle Institution au sens de Durkheim.

2 - L'enjeu financier comme frein à la coopération transfrontalière

Au-delà des conflits politiques, l'enjeu financier est une variable à analyser dans le développement ou le non-développement de la coopération. Deux exemples récents le démontrent : d'une part la difficulté de mise en place d'un budget fonctionnel et d'un budget opérationnel au sein du GECT Pyrénées-Méditerranée, et d'autre part le blocage financier des projets CTP par manque de cofinancement binational.

[1] Propos de Villarroya Saldana lors du 20ème conseil plénier en 2002.
[2] Propos de Pascal Maragall lors du 23ème conseil plénier en 2005

Lors de la création du GECT, les présidents des exécutifs régionaux avaient pour intention de permettre au GECT de financer directement des projets en jouissant d'un budget d'opérationnalité, en plus du budget de fonctionnement de la structure, et ce, en attendant de pouvoir gérer des fonds structurels au travers de programmes opérationnels et non plus d'appels d'offres. Par ailleurs, la création d'un budget opérationnel permettait d'éviter l'appel à trésorerie auprès de chaque région au moment de financer un projet. La trésorerie est en effet débloquée d'une manière plus lente dans les Communautés autonomes qui chaque année font voter les lignes budgétaires propres à la coopération par leur Parlement et sont dans l'attente de la validation par l'ordonnateur du ministère compétent. En 2010, au sein de l'Eurorégion, le débat a donc porté sur le maintien de ce budget opérationnel d'un million d'euros soit 250 000 euros pour les quatre régions. Le risque était que la Catalogne qui avait changé de majorité ne voit plus l'utilité d'un tel budget ; mais le nouvel exécutif catalan a reconnu la pertinence de l'Eurorégion. En 2011, la crise financière a bouleversé la donne. Il avait été décidé d'intégrer de la proportionnalité au budget de l'Eurorégion soit des montants de 288 000 euros pour la Catalogne, 152 000 euros pour Midi-Pyrénées, 120 000 euros pour Languedoc-Roussillon et 50 000 euros pour les Iles Baléares. Or, au moment du vote de la ligne budgétaire de 288 000 euros en Catalogne, ce chiffre est diminué à 100 000 euros de participation. Ce changement a grandement menacé l'Eurorégion ; certains responsables politiques menaçant de retirer leur collectivité de la structure, face à ce qu'il considérait comme un rejet catalan de l'Eurorégion. Finalement, l'Eurorégion et le GECT perdurent ; mais cet exemple est révélateur d'une réelle tension financière entre membres du GECT qui ne transfèrent pas toujours les moyens financiers et humains pour poursuivre des projets qu'ils supportent pourtant politiquement. Dès lors, il est possible de constater une dichotomie entre la volonté de coopérer et le manque de moyens accordés pour le faire. L'attitude des Iles Baléares jusqu'en 2011 illustrait cette tendance. Un nouveau pas est franchi dans le GECT Pyrénées-Méditerranée pour supprimer cet obstacle. En effet, jusqu'alors face aux faibles moyens financiers dont dispose la Communauté autonome, il avait été décidé entre membres de l'Eurorégion qu'un projet en dehors du budget opérationnel pourrait ne pas être financé par cette entité ; or, désormais, tout projet doit bénéficier de fonds des quatre régions pour être validé. De plus, les présidents sous la pression de Midi-Pyrénées où se situe le siège de l'Eurorégion, ont décidé de proposer une augmentation du budget opérationnel avec un fléchage en amont par domaines d'action. Ceci résoudrait alors une partie des conflits financiers mais se confronterait aux conflits politiques abordés *supra*.

L'enjeu financier est donc au centre de la coopération transfrontalière. Un autre exemple de ce problème réside dans le blocage financier au sein du POCTEFA, blocage qui a poussé les porteurs de projets français à obtenir un financement au titre de l'axe interrégional de massif, supprimant de fait l'aspect transfrontalier de la démarche[1]. Si une région n'est plus capable d'apporter le cofinancement national nécessaire au financement des projets de coopération financés par l'Union européenne, la structure de coopération se retrouve dans l'incapacité d'agir. Le programme risque alors de perdre des crédits selon la règle du « dégagement d'office » qui impose la consommation de crédits européens au risque qu'ils ne soient pas renouvelés à la génération suivante ou retirés du programme actuel. Pourtant, l'attrait pour les financements au titre de la coopération transfrontalière est une réalité, d'autant plus que le taux de cofinancement européen est de 75 %. Aussi, une coopération territoriale impose un arbitrage subtil entre capacité de financement régional, volonté de non-perte des crédits européens et souci d'éviter l'effet d'aubaine. L'effet d'aubaine est apparu au cours des entretiens menés comme le problème le plus ancien de la coopération. Mais il semble que la coopération franco-espagnole aille dans le bon sens, comme le souligne Jean-Marie Blanc en 2008 pour qui « des projets qui visent à 'coopérer pour coopérer' et dont les porteurs ne voient dans la coopération qu'un effet d'aubaine sont voués à disparaître face à

[1] Déjà abordé *supra*.

des projets toujours mieux organisés et nécessitant de gros financements ».

Nous venons donc d'aborder certains problèmes politiques au premier rang desquels la peur de perdre des compétences, ainsi que certains problèmes économiques induits par la crise de la zone euro et la baisse des budgets des collectivités ; ces difficultés sont à l'origine d'un frein à la coopération et illustrent le fait que la multiplication d'instances ne doit pas se faire de manière incontrôlée alors que les structures existantes peinent parfois à agir. Au-delà de ces difficultés économiques, rappelons que les différences dans la répartition des compétences en France et en Espagne impliquent une collaboration spécifique États/autorités locales qui accroît les difficultés de mise en œuvre d'une coopération. Aussi certaines compétences sont étatiques en France et régionales en Espagne (la mise en place d'autoroutes de la mer, le développement du modèle éducatif, l'enseignement des langues régionales …). D'autres compétences, bien qu'impliquant l'échelon local, sont de la responsabilité de chaque État (les clusters ou la réintroduction de la faune dans les Pyrénées). La coopération transfrontalière à la frontière franco-espagnole a su toutefois contourner de telles difficultés et ainsi n'a pas freiné son développement.

3 - Les échanges de bonnes pratiques et le désir évoqué d'une fusion à long terme des instances

La coopération transfrontalière franco-espagnole est en plein essor, et malgré certaines difficultés structurelles et conjoncturelles, il semble que ce sont les acteurs de la coopération qui portent et développent sans cesse le phénomène dans une volonté renouvelée de coopération au sein de la structure et entre les structures.

La coopération entre instances de coopération transfrontalière est parfois formalisée au sein des statuts des instances de coopération. Aussi, à l'article 4 des statuts du GECT Pyrénées-Méditerranée, il est précisé que le GECT a vocation à « participer à des projets de coopération territoriale d'autres organisations, notamment la CTP ». Une autre forme de coopération entre structures tient de l'échange de bonnes pratiques entre les directeurs de GECT et les constructeurs de GECT. Jean-Marie Blanc a ainsi souligné l'aide précieuse de Philippe Mestre qui a partagé son expérience de créateur d'un GECT pour le GECT Aquitaine-Euskadi. De plus, à plusieurs reprises, l'expérience de la CTP dans la gestion des fonds structurels a été reconnue par les personnes souhaitant créer un GECT qui gérerait à terme un programme opérationnel communautaire. Par ailleurs, il est évident que le conflit politique catalano-aragonais ne biaise pas l'action de la CTP, et ceci, car, malgré le conflit médiatisé entre les deux présidents de Communautés autonomes, les deux hommes continuent de manifester une volonté de coopération, volonté réaffirmée par le nouveau chef de l'exécutif catalan. Est d'ailleurs précisé sur le site de l'Eurorégion que « néanmoins, des structures aragonaises participent aux nombreux projets que développe l'Eurorégion et sont également inclues dans les réseaux de la société civile au sein de l'espace eurorégional. »

D'autre part, la coopération transfrontalière semble être dans une double dynamique de renforcement et de développement. Le développement réside dans la multiplicité d'instances dont nous avons nuancé la pertinence. Et le renforcement se manifeste dans le changement de statut des instances de coopération. En 2010, Martin Malvy a par exemple proposé de supprimer le consorcio CTP pour qu'il devienne un GECT. Mais le renforcement du Consorcio qui régit la CTP depuis 2005 a été privilégié, d'autant plus que le gouvernement aragonais s'opposait fermement à l'idée, de peur d'un changement du lieu du siège actuellement à Jaca. Un GECT impose plus d'impératif de résultats et donc la nécessité d'une ligne politique stable. Ainsi, le consorcio est maintenu et permet lui aussi l'obtention de la personnalité juridique, chère à Martin Malvy, mais reste un outil de droit espagnol qui ne modifie que très peu la configuration actuelle de la CTP. De plus, le 16 février 2010, un amendement du Traité de Bayonne a été demandé pour que l'Andorre fasse partie du Consorcio CTP.

Dès que l'entrée de l'Andorre sera effective, les élus de la CTP ont déjà exprimé leur souhait de supprimer l'association pour une meilleure visibilité. Ceci est aussi l'expression d'un certain souci d'efficience pour la coopération transfrontalière de la part des élus qui l'impulsent. Aussi, au cours des entretiens, s'est manifesté le souhait d'une redéfinition des thématiques pour chaque structure ; par exemple, la CTP serait appréhendée sous deux angles : le premier étant un isthme entre Atlantique et Méditerranée et le second serait l'angle 'massif'. Enfin, un consensus se dessine entre acteurs de la coopération : il convient de coopérer efficacement dans une instance de proximité pour ensuite accueillir d'autres membres et à terme fusionner. Aucun des acteurs interrogés n'a exclu la création d'un seul GECT de gouvernance pour l'ensemble des collectivités locales pyrénéennes.

Enfin, les échanges de bonnes pratiques semblent être le fer de lance de la coopération territoriale franco-espagnole aujourd'hui. Par exemple, au sein de l'Eurorégion Pyrénées-Méditerranée, avant de lancer le projet CREAMED qui « vise à créer des synergies entre les pépinières d'entreprises » des régions membres, une commande a été faite simultanément auprès d'un cabinet d'études et d'étudiants de l'IEP de Toulouse, afin de faire un catalogue des différentes actions en matière d'incitation à la création d'entreprises, pour mettre en avant des bonnes pratiques et les transposer entre régions et à l'Eurorégion. Ce phénomène se retrouve moins formellement dans d'autres instances de coopération, mais toujours dans la même dynamique, celle de l'échange. Cette dynamique est perceptible lors des différentes rencontres, colloques et séminaires qui regroupent les acteurs de la coopération. Aussi, lors de la Conférence sur la coopération transfrontalière qui a eu lieu à Huesca en septembre 2010, nous avons pu remarquer que les porteurs de la coopération se connaissent très bien ; le tutoiement est de rigueur ; la majorité des personnes parlent français et espagnol ; les conversations vont au-delà des échanges professionnels, et abordent des thèmes de la vie personnelle. Il semblerait ainsi que la coopération territoriale à la frontière franco-espagnole soit à l'origine d'une famille faite des acteurs de la coopération, avec ses codes et ses figures, où les plus anciens sont respectés, consultés et écoutés, et où les nouveaux venus sont aussitôt intégrés dans le groupe. En ce sens, la coopération territoriale à la frontière franco-espagnole est une Institution, un « ensemble de pratiques et de sens » que cette étude a voulu appréhender.

Conclusion

Aussi, au terme de cette étude, nous concluons à la légitimité des instances de coopération. Leur efficience ne peut être remise en cause que lorsque des instances menant des actions similaires refusent de se coordonner ou de communiquer, oubliant alors l'essence même de la coopération.

Nous pouvons donc conclure sur le fait que d'une part, la coopération est une réalité et un facteur de développement qui ne doit pas être remise en cause malgré la nébuleuse qu'elle semble représenter. D'autre part, le rapprochement ancien de collectivités à la frontière se concrétise aujourd'hui dans les GECT, qui se multiplient en bénéficiant d'un contrôle de légalité et non d'opportunité de la part de l'État. Cela peut apparaître comme une faiblesse, mais exprime en fait la réalité de l'Europe au travers de dispositifs qui ont tardé à se mettre en place au niveau européen et au sein de chaque État. Les imbrications et les enchevêtrements de structures tels qu'observés à la frontière franco-espagnole, sont « la vie des territoires et des institutions » comme l'a souligné Jean-Marie Blanc ; tout n'est pas simplifiable ou 'rationnalisable' dans une réalité européenne complexe qui veut faire exister chaque échelon de gouvernance. Dès lors que chaque structure ne va pas au-delà de ses compétences, il s'est avéré qu'il n'y a pas d'illégitimité à la coopération, qui représente la proximité géographique de territoires et qui figure à la base de la citoyenneté européenne.

Cette étude a donc vocation à devenir un outil pour l'action publique transfrontalière franco-espagnole en premier lieu, mais aussi pour l'ensemble des acteurs européens de la coopération. L'observation participante sur laquelle s'est développé ce travail a mis en avant certaines limites dont doivent être conscients les porteurs de projet de coopération, et notamment les porteurs de GECT.

Par ailleurs, ce sujet est vaste et certains points mériteraient d'être l'objet d'études qui complèteraient celle-ci. Aussi, une sociologie des acteurs de la coopération transfrontalière serait opportune pour renforcer le prisme sociologique de cette étude, et permettrait d'aborder la coopération territoriale en termes de sociologie des organisations et non plus de sociologie de l'action publique. Cette nouvelle étude devrait intégrer l'ensemble des structures de coopération territoriale à la frontière, que nous n'avons pas pu aborder comme l'eurocité basque Bayonne-San Sebastián ou le réseau C6.

D'autre part, cette étude s'est focalisée sur l'imbrication *bottom-up* (essentiellement les régions) et *top-down* (essentiellement les institutions européennes). Or, il serait utile de repenser la place de l'État dans la coopération territoriale, qui est aussi un acteur de la coopération. Henri Comte disait « les compétences des autorités déconcentrées sont d'autant plus étendues que sont d'autant plus restreintes celles des collectivités locales », et à ce titre, notamment en France, les autorités déconcentrées sont largement impliquées dans la coopération territoriale, surtout lorsqu'un projet de coopération reçoit des fonds FEDER. Par ailleurs, lorsque de part et d'autre de la frontière, il y a une dissymétrie des compétences entre collectivités territoriales voulant mettre en œuvre un projet de coopération, les autorités déconcentrées de l'État sont largement mobilisées. Aussi, l'implication systématique de ces autorités représentantes de l'État ne priverait plus les territoires de projets de coopération, nécessaires mais malaisés, par des différences de configuration institutionnelle à la frontière. Par ailleurs, concernant la diplomatie, les fonctionnaires du ministère des affaires étrangères tendent à laisser le soin aux agents locaux de l'État de gérer la coopération territoriale sur leur zone d'autorité. Alors ne conviendrait-il donc pas de proposer une coopération de tous les acteurs publics du transfrontalier ? L'article 2 de la Convention de Madrid définit bien les autorités locales selon un critère géographique, de localité et les préfets en France sont bel et bien des autorités au niveau local. Dans le GECT, les autorités déconcentrées et les collectivités décentralisées sont sur un pied d'égalité ou bien est-ce l'État et non un de ses représentants qui peut devenir membre ? Et qu'en est-il alors des acteurs économiques ? Quelle est leur place dans la coopération territoriale ? Il serait également intéressant de poursuivre la thèse de Laurent Malo estimant que le contrôle administratif de l'État sur les actes issus de la coopération transfrontalière ne constitue pas un frein au développement de ce phénomène mais est bien un encadrement nécessaire lorsque les États ont pris conscience de l'impossibilité d'interdire ou d'empêcher une telle coopération et donc ont voulu garder un droit de regard. Pour le professeur Malo, cet encadrement est même une impulsion pour le développement de la coopération ; il garantit une sécurité juridique qui permet aux actions de coopération de mieux se développer. Mais ne pourrait-on pas aller plus loin ? Un nouveau pas serait franchi et ne poserait plus le problème du contrôle par l'État, dans la création d'un droit de la coopération territoriale pouvant permettre la prestation conjointe de services publics de proximité sous l'appellation de Droit administratif international (Henri Comte).

Une dernière question est aussi sans réponse à la fin de cette étude et mériterait d'être abordée : est-ce que la coopération territoriale participe à une dynamique des régions contre les États ? Crée-t-elle une Europe des régions ? Aujourd'hui, l'Europe des régions est clairement une idéologie dont se fait écho la construction européenne. Or, la construction européenne est du ressort des États. Seraient-ils alors en train de s'auto-annihiler ? Il est évident que la dynamique européenne réduit leur champ de compétences et nombre d'entre eux demeurent attachés à leur souveraineté et à leurs spécificités, ce qui crée certains blocages dans l'action de l'Union. Le modèle européen doit donc sans cesse trouver un équilibre entre souveraineté étatique et construction politique européenne. Mais le prix de cet équilibre est la complexité du système institutionnel difficilement compréhensible par les citoyens. Cette complexité est traitée au niveau européen ; est-ce en accordant plus de place aux régions au détriment des États ? Les institutions accordent en effet du pouvoir politique aux régions dans un souci de gouvernance multiniveaux, gage de la légitimité européenne, et peut-être un premier pas vers l'Europe régionale puis fédérale. On assiste alors à ce que Pierre Muller nomme la revanche du local, avec une consultation systématique des instances infrarégionales, un élargissement de leur champ de compétences et un réel pouvoir politique dans la réappropriation des politiques publiques nationales et européennes lors de l'exécution. Mais l'Europe des régions peut-elle devenir une réalité ? Va-t-elle rendre l'État obsolète ? La coopération territoriale participe-t-elle à ce processus de fédéralisation ? N'est-elle pas simplement l'expression d'une volonté de prendre en compte la complexité de la réalité territoriale ?

Toutes ces questions méritent une réponse. Et à la fin de cette étude, une idée personnelle se dessine. La coopération territoriale n'est pas l'expression d'une bataille entre les régions et les États ; elle n'est que l'illustration d'une construction européenne complexe et multiforme qui montre que les Régions sont en Europe et que l'Europe est en région.

Annexes

Annexe 1 : État des signatures françaises et espagnoles au 27 août 2010 pour la Convention de Madrid et ses protocoles

Annexe 2 : État des signatures françaises et espagnoles au 27 août 2010 pour la Charte de l'Autonomie locale et son protocole

Annexe 3 : Les jumelages des villes françaises

Annexe 4 : Les projets interrégionaux financés au titre d'Interreg IVC dont le chef de file est une collectivité locale pyrénéenne

Annexe 5 : Structures de coopération transfrontalière au sein de la zone éligible du POCTEFA

Annexe 6 : Grille d'entretien

Annexe 1 : État des signatures françaises et espagnoles au 27 août 2010 pour la Convention de Madrid et ses protocoles

États	**Convention-cadre**	**Protocole n°1**	**Protocole n°2**	**Protocole n°3**
France				
Signature	10/11/1982	09/11/1995	20/05/1998	16/11/2009
Ratification	14/02/1984	04/10/1999	07/05/2007	/
Entrée en vig.	15/05/1984	05/01/2000	08/08/2007	/
Espagne				
Signature	01/10/1986	/	/	/
Ratification	24/08/1990	/	/	/
Entrée en vig.	25/11/1990	/	/	/

Annexe 2 : État des signatures françaises et espagnoles au 27 août 2010 pour la Charte de l'Autonomie locale et son protocole

États	Charte de l'Autonomie locale	Protocole n°1
France		
Signature	15/10/1985	16/11/2009
Ratification	17/01/2007	/
Entrée en vig.	01/05/2007	/
Espagne		
Signature	15/10/1985	/
Ratification	03/02/1988	/
Entrée en vig.	01/09/1988	/

Annexe 3 : Les jumelages des villes françaises

Continent	Pays	Nombre	Pourcentage
Union européenne	Allemagne	2202	32,9 %
	Royaume-Uni	1066	15,9 %
	Italie	869	13,0 %
	Espagne	513	7,7 %
	Belgique	296	4,4 %
	Pologne	235	3,5 %
	Roumanie	212	3,2 %
	Portugal	157	2,34 %
	Irlande	156	2,33 %
	République Tchèque	58	Moins de 1 %
	Hongrie	54	Moins de 1 %
	Grèce	39	Moins de 1 %
	Autriche	38	Moins de 1 %
	Pays-Bas	35	Moins de 1 %
	Luxembourg	21	Moins de 1 %
	Slovénie	16	Moins de 1 %
	Danemark	13	Moins de 1 %
	Bulgarie	13	Moins de 1 %
	Slovaquie	9	Moins de 1 %
	Suède	9	Moins de 1 %
	Lettonie	8	Moins de 1 %
	Croatie	7	Moins de 1 %
	Finlande	6	Moins de 1 %
	Lituanie	5	Moins de 1 %
	Chypre	5	Moins de 1 %
	Estonie	3	Moins de 1 %
	Malte	3	Moins de 1 %
	Total UE	**6048**	**90,4 %**
Europe	Suisse	102	1,5 %
	Russie	33	Moins de 1 %
	Ukraine	22	Moins de 1 %
	Arménie	12	Moins de 1 %
	Serbie	5	Moins de 1 %
	Norvège	2	Moins de 1 %
	Moldavie	2	Moins de 1 %
	Bosnie-Herzégovine	2	Moins de 1 %
	Andorre	1	Moins de 1 %
	Islande	1	Moins de 1 %
	Géorgie	1	Moins de 1 %
Europe		**6231**	**93,1 %**
Afrique		186	2,78 %
Amérique		166	2,48 %
Asie		110	1,64 %
Totaux		**6693**	**100%**

Elaboration personnelle à partir de : http://www.afccre.org/fr/nos-membres/annuaire-des-villes-jumelees

Annexe 4 : Les projets interrégionaux financés au titre d'Interreg IVC dont le chef de file est une collectivité locale pyrénéenne

Nom du projet	Titre du projet	Chef de file	Partenaires pyrénéens	Budget (millions €)	% Feder	Date de création	Date de fin
REVERSE	Projet européen pour préserver la biodiversité	Conseil régional Aquitaine	Gouvernement du Pays-Basque	2,4	78	01/01/2010	31/12/2012
EURIS	Projet européen de coopération régionale en matière de stratégies d'innovation ouverte	Gouvernement de Navarre	/	4,1	78	01/01/2010	31/12/2013
I4W	Projet d'innovation en matière sociale	Agence Catalane pour la Compétitivité ACC10	Generalitat de Catalunya	4,8	77	01/10/2008	30/09/2012
EuroProc	Projet européen de coopération régionale pour faciliter l'accès des PME aux marchés publics	Agence Catalane pour la Compétitivité ACC10	Generalitat de Catalunya	1,5	79	01/09/2008	31/08/2011
SMART +	Mini-programme d'innovation et de promotion de la R&D pour les PME	Fédération aragonaise des municipalités, provinces et régions	Gouvernement d'Aragon	4,0	80	01/01/2010	31/12/2013
PADIMA	Politique contre le dépeuplement en zone de montagne	Gouvernement provincial de Teruel (Aragon)	Gouvernement d'Aragon	1,4	54	01/01/2010	31/12/2012

Elaboration personnelle à partir de : http://i4c.eu

Annexe 5 : Structures de coopération transfrontalière au sein de la zone éligible de POCTEFA

Exemple de coopération	Participants
Traité de Bayonne	• Royaume d'Espagne • République française
Communauté de Travail des Pyrénées	• Aquitaine • Midi-Pyrénées • Languedoc-Roussillon • Catalogne • Aragon • Navarre • Pays Basque
Eurorégion Pyrénées Méditerranée	• Aragon • Catalogne • Iles Baléares • Languedoc-Roussillon • Midi-Pyrénées
Consorcio Transfrontalier de Bidasoa-Txingudi	• Hondarribia • Irún • Hendaye
Eurocité Basque Bayonne - San Sebastián	• Communauté d'agglomération de Bayonne-Anglet-Biarritz • Diputación Foral de Gipuzkoa • Consortium Bidasoa-Txingudi
Protocole de coopération entre Aquitaine, le Pays Basque et la Navarre	• Aquitaine • Pays Basque • Navarre
Convention de coopération transfrontalière entre le District de Bayonne-Anglet-Biarritz et la Diputación Foral de Guipúzcoa	• Bayonne • Anglet • Biarritz • Diputación Foral de Guipúzcoa
Protocole de collaboration entre Midi-Pyrénées et le Pays Basque	• Midi-Pyrénées • Pays Basque
Convention de coopération transfrontalière passée entre la Navarre et le Conseil Général des Pyrénées-Atlantiques pour la réalisation d'une étude sur l'opportunité d'une implantation d'un axe de transport franco navarrais de grande capacité	• Navarre • Pyrénées-Atlantiques
Convention de coopération transfrontalière passée entre Navarre et Aquitaine	• Navarre • Aquitaine
Convention de coopération transfrontalière passée entre les municipalités de Sort et de Saint Girons pour la constitution comme organe commun sans personnalité juridique du "Groupe de Travail Transfrontalier Sort-Saint Girons"	• Sort • Saint Girons
Convention de coopération transfrontalière passée entre les municipalités de Lladorre et Soplan, pour la constitution comme organe commun sans personnalité juridique du "Groupe de Travail transfrontalier Lladorre-Soulan	• Lladorre • Soplan
Convention de coopération transfrontalière passée entre Aragón et Midi-Pyrénées	• Aragon • Midi-Pyrénées
Convention de coopération transfrontalière passée entre Navarre et le Conseil général des Pyrénées-Atlantiques	• Navarre • Pyrénées-Atlantiques

Annexe 5 : Structures de coopération transfrontalière au sein de la zone éligible de POCTEFA (suite)

Exemple de coopération	Participants
Convention de coopération transfrontalière passée entre les municipalités de Puigcerdà et de Bourg-Madame pour la constitution avec personnalité juridique, du consorcio transfrontalier Puigcerdà-Bourg Madame	· Puigcerdà · Bourg-Madame
Convention de coopération transfrontalière passée entre la Navarre et le Conseil Général des Pyrénées-Atlantiques	· Navarre · Pyrénées-Atlantiques
Convention de coopération transfrontalière passée entre la Mancomunidad Intermunicipal de Servicios de Txingudi et la Municipalité d'Hendaye sur l'utilisation conjointe d'équipement de retraitement des déchets domestiques et assimilés	· Txingudi · Hendaye
Protocole de collaboration entre la Direction de la Culture du Pays Basque et les collectivités françaises compétentes en matière d'enseignement public sur la politique linguistique	· Pays Basque · Localités françaises
Convention de coopération transfrontalière passée entre les municipalités de Benasque et de Bagnères de Luchon relative à la connaissance et à la diffusion de l'histoire des « hôpitaux aux pied des cols»	· Benasque · Bagnères de Luchon
Accord cadre de coopération transfrontalière entre la Generalitat de Catalunya et le Conseil Général des Pyrénées-Orientales	· Conseil Général des Pyrénées-Orientales · Generalitat de Catalunya
Convention de coopération transfrontalière entre la Diputación Foral de Gipuzkoa et le Conseil Général des Pyrénées-Atlantiques	· Diputación Foral de Guipúzcoa · Conseil Général des Pyrénées-Atlantiques
Plateforme Logistique Aquitaine-Euskadi	· Pays Basque · Aquitaine

Annexe 6 : Grille d'entretien

- La structure
    - Ancienneté
    - Fonctionnement
    - Objectif de la coopération
    - Objectif de la structure
    - Légitimité de l'action de coopération
    - Projets remarquables
    - Echanges de bonnes pratiques
    - Perspectives d'évolution

- La législation
    - Statut juridique de la structure
    - Justification de ce statut
    - Connaissance des différents outils de coopération
    - Connaissance du GECT, volonté de création

- Les difficultés
    - Le consensus politique à trouver
    - L'influence de la couleur politique des chefs d'exécutif
    - L'enjeu financier
    - La recherche de financements extérieurs
    - Un fonctionnement sous-optimal ?
    - Elargissement du partenariat

- Les relations avec l'extérieur
    - Intégration dans des réseaux
    - Echange avec d'autres structures
    - Connaissance des autres structures de coopération, de la CTP
    - Légitimité des autres structures
    - Volonté d'une visibilité plus forte
    - Désir de fusion ?
    - Place de l'État
    - Place des acteurs privés
    - Rôle de l'Union européenne

Bibliographie

➢ *Ouvrages/mémoires/thèses*

- **Abras, Matthieu**, *La coopération transfrontalière franco-espagnole sur la programmation 2007-2013*, Université Lyon II, 2009

- **Balme, Richard**, « Pourquoi le gouvernement change-t-il d'échelle ? », *Les Politiques du néorégionalisme. Action collective régionale et globalisation*, Paris, Economica, 1996, pp. 22-28.

- **Fernandez de Casadavente Romani, Carlos**, « L'État et la coopération transfrontalière », *Actes de la journée d'étude du 13 septembre 2006*, Bruylant, 2007.

- **Harguindeguy, Jean-Baptiste**, *La frontière en Europe, un territoire ? : coopération transfrontalière franco-espagnole*, Mirail, 2007.

- **Labayle, Henri**, « Vers un droit européen de la coopération transfrontalière ? », *Actes de la journée d'étude du 16 septembre 2005*, Bruylant, 2006.

- **Marchand-Tönel, Xavier et Simoulin, Vincent**, « Les fonds européens régionaux en Midi-Pyrénées : gouvernance polycentrique, locale ou en trompe-l'œil ? », *Politique européenne*, n°12, 2004, pp. 22-41.

- **Mission opérationnelle transfrontalière**, *Manifeste pour la coopération transfrontalière en Europe : recommandations à l'attention des autorités nationales et européennes pour rapprocher l'Europe des citoyens*, Paris, 2008.

- **Montgaillard, Maéva**, *Recherche sur le GECT : la coopération décentralisée, vers de nouvelles formes de coopération*, Mémoire de recherche encadré par Nathalie Jacquinot, UT1, 2009

- **Palard, Jacques**, *L'Europe aux frontières : la coopération transfrontalière entre régions d'Espagne et de France*, Travaux et recherches du GRALE, PU de France, 1997.

- **Palard, Jacques**, « Vers l'Europe des régions », *Problèmes politiques et sociaux, Dossiers d'actualité mondiale*, La Documentation française, n° 806, 1998.

- **Pasquier, Romain**, « L'européanisation par le bas. Les régions et le développement territorial en France et en Espagne », in Hassenteufel, Patrick, et Fontaine, Joseph, *Change or not to change. Les changements de l'action publique à l'épreuve du terrain*, Rennes, PUR, 2002, pp. 171-188.

- **Pasquier, Romain**, *La capacité politique des régions. Une comparaison France/Espagne*, Rennes, PUR, 2004.

- **Pelan, Pierre,** *Les fonds structurels de l'Union européenne. Principes et bonnes pratiques*, Gualino éditeur, 2008.

- **Sermet, Jean,** « Le centenaire du traité des limites et la commission internationale des Pyrénées », *Revue d'histoire diplomatique*, Paris, Tome 90, 1996.

- **Sudre, Jean**, *La coopération transfrontalière franco-espagnole,* Lille, ANRT, 2001.

- **Velasco-Graciet, Hélène,** « Le destin rebondissant des zones frontalières, d'espaces proscrits en espaces prescrits », in Amilhat-Szary, Anne-Laure et Fourny, Marie-Christine, *Après les frontières, avec la frontière*, Editions de l'aube, 2006.

- **Weisbein, Julien, et Pasquier, Romain**, « L'Europe au microscope du local. Manifeste pour une sociologie politique de l'intégration communautaire », *Politique européenne*, n°12, Harmattan, 2004.

➢ *Rapports et textes de lois*

- Rapport sur l'état actuel du cadre administratif et juridique de la coopération transfrontalière en Europe, édition 2006, Conseil de l'Europe.

- Rapport n° 36/10 de Monsieur Decocq sur la proposition de loi (Sénat n°26/24) relative à l'action extérieure des collectivités territoriales et de leurs groupements, Assemblée nationale 12° législature, 24 juin 2006.

- Loi n° 82-610 du 15 juillet 1982 dite loi d'orientation et de programmation pour la recherche et le développement technologique de la France

- Loi n° 83-597 du 7 juillet 1983 relative aux sociétés d'économie mixte locales

- Loi n° 2000-1208 du 13 décembre 2000 relative à la solidarité et au renouvellement urbains

- Loi n° 2007-147 du 2 février 2007 relative à l'action extérieure des collectivités territoriales et de leurs groupements, JO du 06/02/2007.

- Rapport n° 238 de Madame Trondelle sur la proposition de loi visant à renforcer la coopération transfrontalière, transnationale et interrégionale par la mise en conformité du CGCT avec le règlement communautaire relatif à un groupement européen de coopération territoriale (GECT), 26 mars 2008.

- Loi n° 2008-352 du 16 avril 2008, JO du 17 avril 2008. Commentaire « Le moniteur » du 25 avril 2008.

- Décret n° 70-658 du 10 juillet 1970 portant publication de l'accord de coopération culturelle, scientifique et technique entre le Gouvernement de la République française et le Gouvernement de l'État espagnol, signé à Madrid le 7 février 1969

- Décret n° 85-1163 du 10 novembre 1985 portant publication de quatre accords de coopération entre le Gouvernement de la République française et le Gouvernement du Royaume d'Espagne, signés le 28 mai 1974, 21 mars 1978, 23 juillet 1979 et 16 mai 1980.

- Règlement (CE) n° 1082/2006 du Parlement européen et du Conseil du 5 juillet 2006 relatif à un groupement européen de coopération territoriale (GECT), entré en vigueur le 1er août 2007

- Real Decreto 1317/1997, 1 de agosto, sobre Comunicación previa de los Convenios de Cooperación transfronteriza

➢ *Etudes et documents officiels*

- « Le cadre juridique de l'action extérieure des collectivités locales », *Les études du Conseil d'État,* La Documentation française, Paris, 2006, p. 43

- « Déclaration commune des Présidents de la Communauté de Travail des Pyrénées », *Actes et déclarations du 23ème Conseil plénier de la CTP*, Barcelone, 2005

- *Les statuts du GECT Pyrénées-Méditerranée*, Palma de Mallorca, 18 juin 2009

- « La politique de cohésion 2007-2013 », *Commentaires et textes officiels*, Guide de l'Union européenne, Politique régionale, Bruxelles, 2007, p. 6-26.

- « La politique de cohésion 2007-2013 », *Cadres de référence stratégiques nationaux*, Guide de l'Union européenne, Politique régionale, Bruxelles, 2008, p. 33-38.

- *Etude sur la capitalisation des programmes plurirégionaux et leurs perspectives dans le cadre de l'avenir de la politique de cohésion post 2013*, Etude réalisée par Via Regio sur commande de la DATAR, Strasbourg, juin 2011.

- *Etude intitulée 'Proposer des actions pour renforcer la reconnaissance du territoire pyrénéen en direction des instances européennes'*, menée par les étudiants de l'IEP de Toulouse, master 'Europe & Territoires', 4ème année, 2009-2010, sur commande du Commissariat de massif des Pyrénées.

- *Etude intitulée 'Eurocampus numérique, communication et partenariats sciences/industries'*, menée par les étudiants de l'IEP de Toulouse, master 'Europe & Territoires', 5ème année, 2010-2011, sur commande du Conseil régional Midi-Pyrénées.

- *Déclaration commune du Président du Conseil régional d'Aquitaine, Alain Rousset et du Lehendakari de Euskadi, Patxi Lopez,* pour la constitution de l'Eurorégion Aquitaine-Euskadi , Bordeaux, 30 novembre 2009.

➢ *Articles de presse*

- « Espaces transfrontaliers », *La lettre de la MOT,* n°21, Mission Opérationnelle Transfrontalière, juin 2006.

- « Le groupement européen de coopération territoriale », *Les cahiers de la MOT,* n°7, Mission Opérationnelle Transfrontalière, mai 2008.

- « Ces collectivités qui passent les frontières », *La Gazette*, 7 juillet 2008.

- « Lettre d'information n°56 », *Représentation Midi-Pyrénées Europe*, décembre 2008.

- « Introduction – Un bilan sévère de la gestion des fonds interrégionaux entre 2000 et 2006 », Dossier : « Coopération transfrontalière : tirer les enseignements de la période 2000-2006 », *La Gazette*, 14 octobre 2010.

➢ *Sitiographie*

- Université de Perpignan, *Matériaux juridiques et politiques* http://mjp.univ-perp.fr/traites/1659pyrenees4.htm#1, « Le Traité de paix des Pyrénées » (intégralité)

- Ministère des Affaires étrangères et européennes, *Archives Basis* http://www.doc.diplomatie.gouv.fr/BASIS/pacte/webext/bilat/DDD/18560008.pdf « Le Traité de Bayonne » de 1858 (intégralité)

- Mission Opérationnelle Transfrontalière, *Textes de la coopération transfrontalière* http://www.espaces-transfrontaliers.org/document/TraitedeBayonne.pdf « Le Traité de Bayonne » de 1995 (intégralité)

- Conseil de l'Europe, *Traités internationaux*
    - http://conventions.coe.int/treaty/fr/Treaties/Html/106.htm « La Convention-cadre européenne sur la coopération transfrontalière des collectivités ou autorités territoriales » dite « Convention de Madrid de 1980 (intégralité)
    - http://conventions.coe.int/treaty/fr/treaties/html/122.htm « La Charte de l'autonomie locale et régionale » de 1985 (intégralité)
    - http://conventions.coe.int/treaty/fr/Treaties/Html/159.htm « Protocole additionnel à la Convention-cadre européenne sur la coopération transfrontalière des collectivités ou autorités territoriales » de 1995 (intégralité)
    - http://conventions.coe.int/treaty/fr/Treaties/Html/169.htm « Protocole n° 2 à la Convention-cadre européenne sur la coopération transfrontalière des collectivités ou

autorités territoriales relatif à la coopération interterritoriale » de 1998 (intégralité)

- o https://wcd.coe.int/wcd/ViewDoc.jsp?id=812143&Site=COE Recommandation Rec(2005) relative aux bonnes pratiques et à la réduction des obstacles en matière de coopération transfrontalière et internationale des collectivités ou autorités territoriales adoptée par le Comité des Ministres le 19 janvier 2005, lors de la 912ème réunion des Délégués des Ministres
- o http://conventions.coe.int/treaty/fr/Treaties/Html/206.htm
  « Protocole n° 3 à la Convention-cadre européenne sur la coopération transfrontalière des collectivités ou autorités territoriales relatif aux Groupements eurorégionaux de coopération (GEC) » de 2009 (intégralité)
- o http://conventions.coe.int/treaty/fr/treaties/html/207.htm
  Protocole additionnel à la Charte européenne de l'autonomie locale sur le droit de participer aux affaires des collectivités locales

- Association Française du Conseil des Communes et Régions d'Europe (AFCCRE), *Annuaire des villes jumelées*
  http://www.afccre.org/fr/nos-membres/annuaire-des-villes-jumelees

- Ministère espagnol de la politique territoriale et de l'administration publique, *Registre des Conventions de coopération transfrontalière*
  http://www.mpt.gob.es/areas/politica_local/cooperacion_local/cooperacion_transfronteriza_territorial/convenios_de_cooperacion_transfronteriza.html

- Délégation interministérielle à l'Aménagement du Territoire et à l'Attractivité Régionale (DATAR), *La Politique de la Montagne*
  http://www.diact.gouv.fr/fr_1/amenagement_du_territoire_44/montagne_331/politique_montagne_793.html

- Portail officiel d'Interreg IV C, *Base de données des projets pour la période 2007-2013*
  http://i4c.eu

- Blog de Lola Mirebeau dédié à la coopération transfrontalière franco-espagnole http://cooperationfrancoespagnole.wordpress.com/

- Eurorégion Pyrénées-Méditerranée
  http://www.euroregio.eu/eu/AppJava/fr/

- Communauté de Travail des Pyrénées
  http://www.ctp.org/

- Blog de François Maïtia, vice-président du Conseil régional d'Aquitaine
  http://www.francois-maitia.fr/site/

➢ *Conférences suivies*

- *Comité de suivi et de pilotage des projets Interreg III A*, Bordeaux, 15 juin 2008

- *Réunion de travail de la Communauté de Travail des Pyrénées (CTP) sur la Présentation du livre vert sur les Réseaux Transeuropéens de Transports (RTE-T)*, Bruxelles, 9 avril 2009.

- *Colloque « Europe et territoires, pour une action transfrontalière entre les acteurs économiques pyrénéens »*, Toulouse, 2 juin 2009

- *Séminaire sur la coopération transfrontalière France/Espagne*, Huesca, 20 septembre 2010

- *Séminaire des praticiens des GECT, état de l'art et perspectives de développement*, Paris, 20 janvier 2011

- *Réunion du Comité de pilotage sur les programmes plurirégionaux*, Paris, 11 mars 2011 et 05 avril 2011

- *Présentation des résultats du sondage Fondapol sur le sentiment européen des Français 'Aimez-vous l'Europe ?'*, Paris, 9 mai 2011

- *Séminaire coopération territoriale européenne*, Paris, 30 juin 2011

➢ *Personnes rencontrées et/ou interrogées*

- Alcolea-Martinez, Alfonso, Administrateur dans l'unité 'Réseaux et subsidiarité', Comité des Régions de l'Union européenne

- Baudelet, Olivier, administrateur à la DG Regio, Commission européenne

- Blanc, Jean-Marie, Chef du service 'Fonds structurels et coopération transfrontalière', Direction 'Europe & International', Conseil régional Aquitaine

- Brossard, Jean-Philippe, Secrétaire général de la CTP

- Giacometti, Corinne, Conseillère régional en charge du logement et anciennement en charge des affaires européennes, Vice-présidente du Conseil régional Languedoc-Roussillon

- Laclergue, Edouard, ancien responsable des projets Interreg I et II, Direction des affaires européennes et de la coopération décentralisée, Conseil général Hautes-Pyrénées

- Lamarque, Corinne, Chef du Service 'Coopération et relations internationales', Direction des Affaires Européennes et de la Coopération, Conseil régional Midi-Pyrénées

- Larroque, Jean-Michel, Chargé de mission au sein de la Direction des affaires européennes et de la coopération décentralisée, Conseil général Hautes-Pyrénées

- Maïtia, François, Conseiller régional en charge des affaires internationales, Vice-président du Conseil régional d'Aquitaine

- Marcory, Claude, conseillère aux affaires européennes à la DATAR, Ministère de l'agriculture

- Marty, Joël, Chargé de mission auprès du Commissariat à l'Aménagement des Pyrénées

- Mestre, Philippe, Directeur de l'Eurorégion Pyrénées-Méditerranée

- Moreux, Christophe, Directeur des politiques territoriales, Association française du Conseil des Communes et Régions d'Europe

- Neyen, Joël, Directeur Général de Service, Conseil régional Midi-Pyrénées

- Rigaudier, Aude, Chef du Service 'Veille stratégique internationale et européenne', Direction des Affaires Européennes et de la Coopération, Conseil régional Midi-Pyrénées

Remerciements

Je remercie Nicole Belloubet pour le professionnalisme, le soutien dont elle a fait preuve et pour l'intérêt qu'elle a porté à mon étude.

Je remercie Aude Rigaudier, Christophe Moreux, Yannick Proto et Jean-Michel Larroche, mes différents maîtres de stage sans lesquels je n'aurais pas eu la matière pour mes recherches.

Je remercie Corinne Lamarque, Jean-Marie Blanc et tous ces agents locaux de la coopération transfrontalière qui ont su me communiquer leur enthousiasme pour cette question et qui ont bien voulu multiplier les temps d'entretiens.

Enfin, je remercie particulièrement ma sœur-aînée qui a eu la gentillesse de corriger mon étude, et plus largement ma famille et mes proches qui m'ont soutenue tout au long de ce travail de mémoire et qui m'ont permis d'effectuer l'ensemble de ma scolarité.

Table des matières

L'Europe
aux éditions L'Harmattan

Dernières parutions

RÔLES TRANSFRONTALIERS JOUÉS PAR LES FEMMES DANS LA CONSTRUCTION DE L'EUROPE
Sous la direction de Guyonne Leduc, préface de Suzan Van Dijk
Depuis des siècles, des Françaises ont eu une certaine idée de l'Europe et de l'ouverture européenne de la France. Contrairement aux préjugés qui accordent aux femmes le seul domaine de leur maison, certaines mirent ces idées en pratique, anticipant ainsi une Europe unie. Quel fut le rôle du genre dans cette ouverture européenne ? Ce volume apporte la démonstration pour la période allant du XVIIe au XXIe siècle (Suzan Van Dijk).
(Coll. Des idées et des femmes, 40.00 euros, 422 p.)
ISBN : 978-2-296-99745-5, ISBN EBOOK : 978-2-296-51174-3

DISCRIMINATIONS RELIGIEUSES EN EUROPE : DROIT ET PRATIQUES
Sous la direction de Frédérique Ast et Bernadette Duarte
Faisant suite à *Manifester sa religion : droits et limites*, cet ouvrage définit le cadre juridique applicable à la lutte contre les discriminations religieuses au niveau international et européen, et ce dans une perspective de droit comparé. Il présente des cas concrets de discriminations religieuses en Europe, décrit des initiatives pour protéger le pluralisme religieux et nous informe sur le programme européen RELIGARE.
(Coll. Droit, Société et Risque, 28.50 euros, 294 p.)
ISBN : 978-2-296-99794-3, ISBN EBOOK : 978-2-296-51123-1

POUR UNE RÉELLE CULTURE EUROPÉENNE ?
Au-delà des canons culturels et littéraires nationaux
Sous la direction de Ralf Zschachlitz et fabrice Malkani
Au-delà des identités et normes nationales, un canon de valeurs européennes est-il concevable ? La multiplicité des cultures et valeurs nationales au sein de l'Europe, souvent comprise comme un obstacle à son unité, peut-elle aboutir à une culture supranationale non contraignante ? L'étude des échanges interculturels permettra la mise en lumière des points de convergence ou de résistance, de la porosité ou de la rigidité des frontières culturelles.
(Coll. De L'Allemand, 19.00 euros, 188 p.)
ISBN : 978-2-336-00516-4, ISBN EBOOK : 978-2-296-51210-8

COMMÉMORATIONS DE LA CHUTE DU MUR DE BERLIN À TRAVERS LES MÉDIAS EUROPÉENS
Sous la direction de Gloria Awad et Carmen Pineira-Tresmontant
Vingt ans après la chute du mur de Berlin, quels regards peut-on porter sur les médias de l'époque ou ceux qui ont commémoré le 20e anniversaire de cet événement ? On trouvera ici des réflexions sur l'histoire européenne récente,

l'écho de la chute du mur au sein du monde communiste occidental, l'avant et l'après de la chute du mur vus par la peinture, et l'analyse de la place que les journaux français et allemands ont bien voulu accorder à cet événement vingt ans plus tard.
(Coll. Communication et Civilisation, 12.00 euros, 106 p.)
ISBN : 978-2-336-00404-4, ISBN EBOOK : 978-2-296-51109-5

CLÉMENT ATTLEE
Un Premier ministre «normal» pour une Angleterre en crise
Heckly Christophe - Préface de James Moore
Entre le flamboyant Winston Churchill et l'ultralibérale Margaret Thatcher, Clement Attlee a, à sa manière, profondément marqué l'histoire de l'Angleterre. Churchill avait gagné la guerre, Attlee allait gagner la paix sociale et assurer le redressement du pays. L'homme, modeste et consensuel, est beaucoup moins connu que le bilan de son action, largement positif : il a très efficacement réussi à faire reculer la pauvreté et à améliorer les conditions de vie des Anglais.
(Coll. Figures de proue, 13.00 euros, 130 p.)
ISBN : 978-2-336-00139-5, ISBN EBOOK : 978-2-296-51055-5

CLAUDE DE SAINLIENS
Un huguenot bourbonnais au temps de Shakespeare
Berec Laurent
Sainliens, né en 1534, était connu dans l'Angleterre de Shakespeare. Calviniste intransigeant, mais quelque peu hédoniste, il traversa l'Europe déchirée, et fit de l'espionnage pour la reine Elizabeth. Auteur prolifique de traductions, de traités, de dictionnaires et de savoureux manuels d'apprentissage du français et de l'italien, qui sont des sources précieuses pour retracer la vie quotidienne au XVIe siècle.
(Editions Orizons, Coll. Universités - Domaine littéraire, 29.00 euros, 512 p.)
ISBN : 978-2-296-08837-5, ISBN EBOOK : 978-2-296-51115-6

SOUVENIRS DU MAMELUCK ALI SUR LA CAMPAGNE DE RUSSIE EN 1812
Manuscrits déchiffrés, établis, présentés et annotés par Jacques Jourquin
Le mameluck Ali (de son vrai nom Louis-Etienne Saint-Denis) est un des plus intéressants mémorialistes de son temps. De 1812 à 1821, il a vécu dans l'intimité de Napoléon, en particulier à Saint-Hélène. C'est le récit complet en très grande partie inédit de sa campagne de Russie qui est ici exhumé. Le texte est précédé d'une longue introduction sur le mameluck Ali et son travail de rédaction enrichi de notes et d'illustrations.
(SPM, Coll. Institut Napoléon, 12.00 euros, 110 p.)
ISBN : 978-2-901952-96-1, ISBN EBOOK : 978-2-296-51190-3

TERREUR PRUSSIENNE – Episodes de la guerre de 1866
Alexandre Dumas – Texte établi et présenté par Alain Chardonnens
Roman publié en 1867, *La Terreur prussienne* évoque l'inquiétante montée du nationalisme prussien. A la croisée du récit d'histoire immédiate et du

reportage journalistique, ce récit commence à Berlin en 1866. A travers ses personnages, Alexandre Dumas raconte la bataille de Langensalza, l'annexion du Royaume de Hanovre et la brutale occupation de Francfort, neutre et sans défense, par les soldats prussiens.
(Coll. Littérature classique textes et commentaires, 29.00 euros, 358 p.)
ISBN : 978-2-336-00586-7, ISBN EBOOK : 978-2-296-51196-5

VILLE (LA), LA NATION ET L'IMMIGRÉ
Rapports entre grecs et Turcs à Bruxelles
Seraïdari Katerina
Cette étude sur les relations entre les communautés grecque et turque de Bruxelles permet de mieux comprendre cette dialectique qui semble traverser la ville. Le choix de Bruxelles comme terrain n'est pas anodin : ce haut lieu du rassemblement européen est aussi un espace disputé entre Belges de traditions linguistiques et culturelles différentes. La capitale est aussi habitée par des groupes issus de l'immigration qui neutralisent ou réactivent des conflits géopolitiques autres, comme les différends gréco-turcs.
(Coll. Compétences interculturelles, 22.00 euros, 218 p.)
ISBN : 978-2-336-00325-2, ISBN EBOOK : 978-2-296-51030-2

JEU, COMPÉTITION ET POUVOIR DANS L'ESPACE GERMANIQUE
Sous la direction de Mechthild Coustillac et Françoise Knopper
Qu'ont de commun le jeu, que l'on pourrait croire enfantin et gratuit, la compétition, généralement sportive ou intellecuelle, et le pouvoir, enjeu sérieux aux graves conséquences ? Leur intrication est analysée ici dans des champs disciplinaires aussi divers que la psychanalyse, les sciences de l'éducation, la sociologie, l'économie ou encore les sciences de la culture.
(34.00 euros, 336 p.) ISBN : 978-2-336-00376-4, ISBN EBOOK : 978-2-296-50937-5

EUROPE (L') MÉDIÉVALE EN 50 DATES
Les couronnes, la tiare et le turban
Bloeme Jacques
Cinquante «tranches d'histoire» nous font parcourir le continent de l'Atlantique à l'Oural et de la Scandinavie à la Méditerranée, pour revivre quelques-uns des grands événements qui ont infléchi le cours de l'histoire de l'Europe entre 476 et 1492 : naissance et déclin des empires et des royaumes, montée en puissance de la chrétienté et ses difficultés, succès et insuccès de l'Islam conquérant, grandes querelles politiques, Croisades, la Grande Peste, la guerre de Cent ans...
(47.00 euros, 476 p.) ISBN : 978-2-296-96284-2, ISBN EBOOK : 978-2-296-50467-7

INSTITUTIONNALISATION (L') DU PARLEMENT EUROPÉEN
Cultures et Conflits 85, 86
Collectif
La création des assemblées parlementaires supranationales a profondément transformé les relations interétatiques et consacré l'importance du «mandat» européen. Ce dossier s'inscrit dans une perspective sociohistorique pour comprendre la sélection sociale qui s'opère à l'entrée des parlements

supranationaux, les modes de constitution de capitaux politiques transnationaux, les interdépendances entre espaces institutionnels internationaux et les encastrements entre logiques nationales et supranationales.
(24.00 euros, 228 p.)
ISBN : 978-2-296-99408-9, ISBN EBOOK : 978-2-296-50124-9

POLITIQUE (LA) EUROPÉENNE DE SÉCURITÉ ET DE DÉFENSE
Quel bilan après 10 ans ? Quelles nouvelles orientations ?
Türke Andras Istvan
La construction européenne a garanti, pendant 60 ans, la paix et la stabilité sur le continent. Mais l'Europe n'est pas une forteresse et elle ne saurait se satisfaire d'un monde où subsistent tant de déséquilibres. Dans quelle mesure l'UE peut-elle devenir un acteur international ? Comment transformer sa puissance économique en une puissance politique dans le système international du XXIe siècle ? Comment concevons-nous la coopération entre les institutions de l'UE et celles de l'OTAN ?
(Coll. Questions contemporaines, 31.00 euros, 300 p.)
ISBN : 9782-296-96580-5, ISBN EBOOK : 9782-296-50057-0

CHANSON (LA) POPULAIRE EN GRANDE-BRETAGNE PENDANT LA GRANDE GUERRE 1914-1918
The show must go on !
Mullen John
Comment faisait-on pour chanter et vendre des chansons en Angleterre pendant la Grande Guerre ? Que chantait-on pour oublier la peur de la guerre ? Quels étaient les modes de diffusion et de mise en scène du divertissement ? A travers l'analyse de centaines de chansons, cet ouvrage offre un aperçu fascinant de la vie des Anglais ordinaires de l'époque.
(Coll. L'Aire anglophone, 29.00 euros, 290 p.)
ISBN : 978-2-296-99666-3, ISBN EBOOK : 978-2-296-50122-5

ÉLECTIONS (LES) DE 2010 EN GRANDE-BRETAGNE : CONTEXTE ET ENJEUX
Sous la direction de Michael Hearn
Succédant à plus de 10 ans de travaillisme, le parti conservateur a remporté les élections de 2010, avec cependant une majorité insuffisante pour former un gouvernement uniquement conservateur. S'en est donc suivi une alliance avec les Libéraux-démocrates. Dans l'urgence d'une réorganisation de l'économie et de la société, les deux partis ont réussi à surmonter certaines différences, ceci étant sans doute facilité par les personnalités de David Cameron et de Nick Clegg.
(Coll. Langue et parole, 13.00 euros, 90 p.)
ISBN : 978-2-336-00137-1, ISBN EBOOK : 978-2-296-50493-6

L'HARMATTAN, ITALIA
Via Degli Artisti 15; 10124 Torino

L'HARMATTAN HONGRIE
Könyvesbolt ; Kossuth L. u. 14-16
1053 Budapest

ESPACE L'HARMATTAN KINSHASA
Faculté des Sciences sociales,
politiques et administratives
BP243, KIN XI
Université de Kinshasa

L'HARMATTAN CONGO
67, av. E. P. Lumumba
Bât. – Congo Pharmacie (Bib. Nat.)
BP2874 Brazzaville
harmattan.congo@yahoo.fr

L'HARMATTAN GUINÉE
Almamya Rue KA 028, en face du restaurant Le Cèdre
OKB agency BP 3470 Conakry
(00224) 60 20 85 08
harmattanguinee@yahoo.fr

L'HARMATTAN CAMEROUN
BP 11486
Face à la SNI, immeuble Don Bosco
Yaoundé
(00237) 99 76 61 66
harmattancam@yahoo.fr

L'HARMATTAN CÔTE D'IVOIRE
Résidence Karl / cité des arts
Abidjan-Cocody 03 BP 1588 Abidjan 03
(00225) 05 77 87 31
etien_nda@yahoo.fr

L'HARMATTAN MAURITANIE
Espace El Kettab du livre francophone
N° 472 avenue du Palais des Congrès
BP 316 Nouakchott
(00222) 63 25 980

L'HARMATTAN SÉNÉGAL
« Villa Rose », rue de Diourbel X G, Point E
BP 45034 Dakar FANN
(00221) 33 825 98 58 / 77 242 25 08
senharmattan@gmail.com

L'HARMATTAN TOGO
1771, Bd du 13 janvier
BP 414 Lomé
Tél : 00 228 2201792
gerry@taama.net

567657 - Juin 2014
Achevé d'imprimer par

1livre.com
du rêve à la réalité !